村岡到

共産党、政党助成金を活かし飛躍を

ロゴス

＊人名の敬称は統一されていません。
＊引用文献の表示形式は統一されていません。
＊数字は引用文献でも和数字（一二三）に替えました。

まえがき

六月一二日、全世界の注目を集めて、シンガポール南部のセントーサ島の超高級ホテル「カペラ・シンガポール」で、ドナルド・トランプ＝アメリカ合州国大統領と金正恩＝朝鮮民主主義人民共和国国務委員長による米朝首脳会談が行われた。「朝鮮半島の非核化」が合意され、歴史的転換点になるだろう（この政局については、村岡到「米朝首脳会談成功の歴史的意義」。季刊『フラタニティ』第一一号：八月一日、の巻頭「政局論評」参照）。

この小さな本のテーマは日本共産党にあり、国際情勢の分析は別の問題ではあるが、トランプ氏は翌日に「在韓米軍を早く撤退させたい」とまで繰り返した。「在韓米軍の撤退」は、直ちに「在日米軍の撤退」を話題に乗せ、「日米安保条約の廃棄」に繋がる。「日米安保条約の廃棄」は、共産党が一貫して掲げてきた政治目標である。残念ながら、米朝首脳会談の当日に発表された、志位和夫委員長の「談話」では、「日米安保条約」には触れていないが、少し後で、長文のインタビューでは「在日米軍、日米安保条約の存在が根本から問われる」と小見出しにした（「赤旗」六月二四日）。今後の日本の政局では「日米安保条約の廃棄」が最大の焦点・対決点となるだろう。

現在、日本の政治は「安倍一強」の下で壊憲策動が強まり、野党の低落によって不安な情勢となっている。昨年二〇一七年一〇月の総選挙によって衆議院では、立憲民主党、共産党、社民党などを合わせても三分の一を割ってしまった。この混迷を打開しようと努力している市民にとって、共産党の活動と役割について正しく理解することは、不可欠の大切な要点だと、私は考えている。いたずらに共産党に反発する傾向もなお残存しているが、そのような反発と非難は自己慰安にすぎない。共産党は、現在の国会では衆議院で議席を二一から一二に減らしたために配分時間が減らされたが、森友疑惑や加計疑惑でも労働法制問題でも、壊憲策動を強める安倍晋三政権を鋭く批判し追及している。共産党は〈日本市民の共同の橋頭保〉である、と私は考える。この積極面を評価したうえで、共産党の限界や誤りについても厳しく問い、正すことが必要なのである。

私は、一九七八年に〈日本共産党との対話・内在的批判〉を呼びかけて以来、一貫して共産党を批判的に支持してきた。今年で四〇年になるが、なお「日暮れて途遠し」である。この四〇年間、共産党も変わった部分があり、私自身も多少は成長したところもある。一つの節目でもあり、前記のように国際情勢との絡みからしても改めて共産党の動向について明らかにする必要がある。タイトルをいささか奇抜なものにしたが、単なる批判ではなく、積極的で具体的な提案こそが必要ではないかと考えたからである。

本書の第1章から第5章は、前に発表した論文を部分的に活かしたところもあるが、基本的には新しく執筆した。

「第1章　日本共産党躍進の活路はどこに」では、今年六月に開かれた第四回中央委員会総会で明らかになった「党勢」（共産党独自の用語で党員や機関紙「赤旗」の読者の数を示す）の現状を指摘した上で、政党助成金を活用して宣伝ビラの作成・配布したら国会議員を増やすことが出来るのではないかと新しく提案した。さらになぜ共産党に期待するのかについて説明した。

「第2章　日本共産党の最近の動向」では、『週刊朝日』の志位和夫委員長インタビューや「入党の呼びかけ」や志位委員長の新春対談を取り上げ、五年前からネットで評判になっている「日本共産党カクサン部！」の裏表を明らかにした。

「第3章　なぜ日本共産党にこだわるのか」では、共産党は九六年の歩みにおいて何を求めてきたのか、何と対決してきたのか、を探り、私の立場と共産党との関係を簡単に確認した。

第4章では「日本共産党の党勢の実態」を明らかにした。

「第5章　日本共産党の理論的混迷と後退」では、共産党は一〇年毎の節目に党史を刊行してきたのに、『日本共産党の九十年』がなお刊行されていない事実に注意を喚起し、自衛隊や象徴天皇制について語らなくなった、共産党の理論的混迷と後退を抉り出した。

「第6章　宮本顕治の凄さと時代的限界」は、戦後の共産党を指導してきた宮本顕治の業績と限界について、二年前に書いたもの。今では宮本顕治の名前は共産党の中でさえ話題になることもないが、共産党がどのようにして敗戦後の日本社会で活動の活路を切り開いてきたのかを明らかにすることは、現在の共産党の動向を評価するうえでも欠かせない前提作業である。

「付章　〈左翼〉の猛省・再興を――〈友愛〉の定位が活路」は、五年前に前年二〇一二年の衆議院選挙の結果に踏まえて書いたもので、〈友愛〉の定位を活路として明らかにした。共産党に批判的な期待を抱くことと合わせて、さらに大きく日本社会の未来の展望を明らかにするためである。社会主義を希求する、私の見解については別の拙著を手にしてほしいと希望する。

「何を主張しているか」ではなく、「誰が話したのか」に傾斜して理解するいわば「属人思考」がはびこっている。誰でも迷路に陥った時には、老練な人物の助言に頼るほうが良い場合が多いに違いない。だが、それだけに頼っていると、未踏の領域で活路を切り開くことはできない。温故知新というように、バランスよく物事に対処していくことが求められている。

その意味で、村岡到に初めて接する読者もいるだろうから、素性を明かすと、私は一九六〇年の安保闘争のデモに高校生ながら参加していらい新左翼の活動家として〈社会主義を志向〉してきた。唐突ではあるが、親鸞は法兄である聖覚から引いて「自分が遅れている場合には他人から学び、自分が進んでいる場合には他人を導き、ともに善き友となれ」と諭したという。〈社会主義を志向〉する求道の努力は、この姿勢と重ね合わされなければならない。

人にはそれぞれの想いと歩みがある。共産党との関り、接点もさまざまであろう。この小さな本は、静かな湖面に投じられるのではなく、荒れた波に飲み込まれるだけかもしれない。聞き届けていただける耳もまた存在することを信じたい。

本書が混迷を打開する一助になることを強く祈念する。ぜひ批判・助言を伝えていただきたい。

二〇一八年七月七日

村岡 到

共産党、政党助成金を活かし飛躍を　目次

第1章　日本共産党躍進の活路はどこに

第1節　四中総が明らかにした共産党の現状

日本共産党は、六月一一日、第四回中央委員会総会を開いた。「志位和夫委員長のあいさつ」によれば、「総会の主題は、『いかにして党勢拡大を前進させるか』。この点に絞りました」という異例の会議である。志位氏によれば、昨年一二月の三中総で、「『前回参院選時の回復・突破』を七月末までに達成すべき目標としましたが、この達成期日を九月末までに変更」して「特別月間」を設けることが会議の目的である。

四中総の中身に入る前に、四中総では、志位氏は会議冒頭で「あいさつ」はしたが、「報告」も「結語」も行わなかった。代わりに小池晃書記局長が行った。これは極めて異例であり、初めてのことである。志位氏は五月の大型連休中に散歩で右足を骨折したが、その後、国会でも質問に立っていた。身体上の都合なのか、何の説明もない。もう一つ、気になるのは、この開催期日である。翌日の六月一二日は、初の米朝首脳会談の開催日である。米朝首脳会談はトランプ大統領の駆け引きもあり開催中止すら話題になっていたが、一週間前には開催は確実視されていた。それなのに何故その前日に四中総を設定したのだろうか。翌日でも良かったはずである。米朝首脳会談は単なるどこか二国間の国際会議ではなく、結果が定かではないにせよ、世界の動向を左右する重大なイベントであることは、立場の如何にかかわらず周知である。しかし、共産党はその結果についてまったく関係なく党の重要な会議を設定した。どういう事情があったのかは伺い知れないが、不適切な設定だと言える。

なお、規約によれば中央委員会総会は「一年に二回以上ひらく」ことになっているが、二〇一七年一月の第二七回党大会後は、同年一〇月の二中総は直後の衆議院選挙のための決起集会と合わさったもので、今度は「党勢拡大」だけというように、その内実が空洞化していると言える。理論的問題を討論する場ではなくなっている。

決定された「決議」では現状について、「党員では一〇カ月連続で後退し、『しんぶん赤旗』日刊紙では五カ月連続で、日曜版でも八カ月連続で後退が続いている」と明らかにした上で、「特別月間」の目標については「党員一万六〇〇〇人、日刊紙読者一万六〇〇〇人、日曜版読者八万三〇〇〇人以上の拡大が必要」とした。党員は「三〇万近い」と書かれている。これだけでは「赤旗」の現在の読者数は分からない。来年七月の参院選までの目標達成は「党員、日刊紙読者、日曜版読者とも現勢の一・四倍」だと説明されている。党員が三〇万人とすると、その「一・四倍」は四二万人。一二万人も拡大できるのか。到底不可能である。

昨年一二月の三中総では拡大目標として「党員で一万一〇〇〇人、日刊紙読者で一万三〇〇〇人、日曜版読者で六万三〇〇〇人」という数字が上げられていた。前記の数字と照らし合わせると、この半年で党員はさらに五〇〇〇人、「赤旗」読者は二万三〇〇〇人も減ったことになる。

実は、昨年二月には、「三十数年来の党建設の後退傾向」と突然、発表していた（本書、七八頁、参照）。その二〇日前に第二七回党大会を開いていたのだが、そこではこれほど重要なことが明らかにされることなく、隠されていた。昨年には「赤旗」読者が少し増えた月もあったが、前記のように党勢の後退はきわめて深刻である。

四月二九日には「一二都道府県委員長会議」なる、党規約には記載がない異例の会議まで開いた。「一二都道府県」とタイトルされているが、どの県なのかは明らかにされていない。翌日の「赤旗」には「幹部会委員が県委員長を務めている一二都道府県委員長会議」と書いてある。この「一二都道府県」で「参院比例目標の七割を占め」ているという。その報告記事が五月一日に大きく報道されたが、そのタイトルは「『八五〇万票、一％五以上』を正面に七月末目標の達成へ、四月必ず前進し、五月は出足早く」である。五月になっているのに、「四月必ず前進し」とは如何にも不体裁である。

これだけ党勢が後退しているのに、九月末まであと三カ月間に前記の目標を達成することは無理である。さらなる後退もあり得る。四中総の開催を告知する四日前の記事では「抜本的方針」を決めると予告されていたが、この「決議」にはそれらしいものは何もない。本来ならば、なぜこれほど後退しているのか、その原因を探り、必要ならその責任も明らかにすべきではないだろうか。だが、志位氏が「報告」と「結語」を小池氏に代わっただけで、人事上も何一つ変化はない。あえて新しいといえば、七月二日から「赤旗」電子版がスタートすることが一筆されているだけである。二月からスタートした「ＪＣＰサポーター」についてさえ触れていない。この二つは三中総で決定されていた。

何の新味もなく、ただただ「拡大目標」を繰り返すのではなく、本当に「抜本的方針」が必要なのではないか。

「脱皮できない蛇は滅びる」とはフリードリヒ・ニーチェの名言である。彼の実存主義に傾倒することはないが、この名言は知っているほうが良い。「私は、共産党が根本的に脱皮することが、日本における社会主義運動の前進の不可欠の課題だと深く確信している」と、二〇一五年に刊行した『日本共産党をどう理解したら良いか』の「あとがき」で書いた。では、共産党にはどのような〈脱皮〉が必要なのであろうか。何が求められているのか。四つの課題を提起する。

第2節　政党助成金を活用して宣伝ビラの作成・配布を

第一の提言は、政党助成金を活用しての宣伝ビラの作成・配布である。まずは、私が新しく思いついた提案を検討してほしい。

現在、国会議員を五人以上有する政党には、政党助成金が交付されている。共産党は後述するようにこれを受け取っていないが、その方針を改めて、受け取るように転換して、その資金を党の宣伝ビラの作成と配布に活用したほうがよい。私はこれまでは、他の政党に「カンパ」（後述）するよりは、受け取って公共の事業にカンパすればよいと提言してきたが、改めて次のように提案する。

現在、共産党の国会議員は、衆議院に一二人、参議院に一四人だから、政党助成金の受け取りを申請すれば、年額約一一億円を受け取ることができる。この金額がどれほど巨額か。共産党の年間総収入は約二一七億円だから、その五％になる。「赤旗」日刊紙の一カ月売り上は約七億円である。年収三〇〇万円の労働者を三七〇人も雇える額である。

この助成金を党の宣伝ビラの作成と配布資金として活用する。どんな形式の印刷物にするのかにもよるが、八ページのカラー・リーフレットでも一〇億円支出すれば数種類で数千万部印刷できる。リーフレット作成要員を雇うことも出来る。配布は、「赤旗」と一緒でもよいし、駅頭などで配ってもよい。党員ならば党活動の一環として活用できるし、さらにアルバイターを募集するとよい。駅頭で一人に配布したら五〇円与えるとすれば、二〇〇人（二〇〇部）に配布すると一万円となる。割の良いバイトとなる（確かに配ったかどうかなど不安はあるにせよ、善意に頼るほかない）。バイトが延べ一万人でも一億円の支出で済む。失業者や学生にとって、駅頭でのビラ配りで、この収入になるのなら、応募する人は多いだろう。共産党は今年二月から「ＪＣＰサポーター」を新設したが、そのサポーターの活動の一つにしてもよい。ビラの印刷を党の関係業者にすればそれもプラスとなる。

来年七月に参議院選挙が予定されている。このビラ作戦を全国的に展開すれば、共産党の議席を大幅に増やすことも可能になるのではないか。現在、参議院は自民党・公明党などが一六一議席。定数は二四二だから、自公などを約四〇議席減らせば、壊憲反対勢力が過半数となる。また、参議院ではすでに議案提案権を有しているが、衆議院でも二〇人を超えれば再び議案提案権を行使できるようになる。このようないわば「実利」を得たほうが、薄弱な理由で政党助成金の受け取りを拒否するよりはるかに意味があるはずである。

ところで、国政選挙で「野党共同候補」が共産党以外の党籍で当選した場合、当然にも政党助成金交付の対象となる。共産党の説明によれば、それは「政党の堕落」に加担したことになるのではないか。そのような「不都合」を避けるためにも、政党助成金を受け取ったほうが良い。

この問題が大きな意味を持っていることは、第2章第4節で取り上げる「日本共産党カクサン部!」の八つの問題の第二番目に「Q2　なぜ政党助成金をもらわないの?」として取り上げてあることでも明かである。

後で引用するが、党内からも「『うけとって有効に使えば?』との意見もあ」るということだから、その声に応えたほうがよいだろう。

A　政党助成金の仕組み

この新提案についての賛否はよく考えていただくとして、この機会にこの政党助成金について知ることも無駄ではない。

現在、国会議員を五人以上有する政党には、政党助成金が交付されている（前述のように共産党は受け取っていない）。

政党助成金は、一九九〇年代の政治改革論議において浮上し、九四年二月に細川護熙連立政府の時に、小選挙区制導入と合わせて、政党助成法を含む政治改革四法が成立し導入された。助成金の総額は、国民一人あたり二五〇円に、直近の国勢調査で判明した人口を掛けた金額。毎年、約三二〇億円。配分する方法は、助成金の総額を議員数割と得票数割に二分した上で、算出する。助成金は、四月・七月・一〇月・一二月に四回に分けて交付される。具体的な金額の算出方法は省略するが、もっとも重要な要点は、国会議員の全員を対象として配分されるのではなく、助成金の受け取りを申請した政党に対してだけ交付されることである。ということは、政党要件（分かりやすくいうと国会議員五人）を満たさない無所属議員が外され、さらに助成金の受け取りを拒否する政党も外される。共産党は助成金の受け取りを拒否しているから、共産党が申請すれば受け取れる金額はすべて他の政党に配分される。別言すれば、共産党が他の政党に「カンパ」しているのと同じである。共産党の議員が増えると、「堕落した政党」への「カンパ」が増えることになる。

もし、助成金の交付先を受け取りの申請の有無に関わらず設定して算出するようにしてあれば、受け取りを拒否する政党の分は国庫に返納することも出来るが、そうではないところが「ミソ」である。共産党が受け取りを拒否するであろうことは予測できたであろうから、この法律を策定した人は余ほど「賢い」と言える。共産党がこの点についてどのように対応したのかは分からないが、このズル賢い、配分対象設定を許したのは大きな誤りだった。

本稿で詳しい算定をする必要はないが、衆議院議員の定数は四六五、参議院議員の定数は二五二、合わせて七一七人だから、一人約四五〇〇万円となる。ついでながら、国会議員の給料（歳費）は、役職に応じて支払われるものを除いて、歳費：年間約一五五二万円、期末手当：六三五万円、文書通信交通滞在費：一二〇〇万円、立法事務費：七八〇万円で、合計で約四一六七万円である。秘書の給料：三人で約二五〇〇万円も公費で支払われる。

2017年の政党助成金

自由民主党	176億2264万円
民進党	87億1897万円
公明党	31億3537万円
日本維新の会	10億0957万円
自由党	3億9868万円
社会民主党	3億9537万円
日本のこころ	4億9310万円
合　計	317億7370万円

総務省　2017年4月3日
政党名は略記　1000の桁で四捨五入

二〇一七年の政党助成金の配分額を表にした。一七年の各政党の収支はまだ発表されていないので、一六年分について、二つの数字を表にして収入に占める政党助成金の割合を別掲した（本書、八二頁）。自民党は四九％、民進党は三九％、などとその比率はきわめて高い。

また、受け取りの申請が年末になっているので、年末に小政党が離合集散することになっている。この点では、後で引用する、共産党の批判が的を射ていると言える。

Ｂ　政党助成金への共産党の対応

次に、共産党はこの政党助成金についてどのように対応しているのかを明らかにしよう。共産党のホームページには「日本共産党が政党助成金を受け取らないのはなぜ?」というタイトルで次のように書いてある。全文を引用しよう。「日本共産党中央委員会発行『財政活動のしおり』3頁より（発行 1997.03/ 改訂 2001.09）」とされている。

日本共産党が政党助成金を受け取らず、制度の廃止を強く主張しているのは、次の理由からです。

1、国民には政党を支持する自由も、支持しない自由もあります。政党助成金とは、国民の税金の「山分け」ですから、支持していない政党にも献金することを事実上強制する、「思想及び信条の自由」をふみにじる憲法違反の制度だからです。

2、政党の政治資金は、国民とのむすびつきを通じて、自主的につくるべきものです。税金からの分けどりは、この本来のあり方に根本的に反し、政党の堕落と国民無視の政治を助長する制度だからです。

「政党助成金も企業・団体献金も受け取らない党だから信頼できる」という声は、国民の中に広くあり、有権者の個人献金を基本とする日本共産党の財政活動は、国民の日本共産党への信頼の大きな源泉となっています。

一部に「うけとって有効に使えば？」との意見もありますが、憲法違反のお金を受けとること自体が、国民への背信行為になります。また、制度の廃止をめざす世論の結集にも逆行することになると、私たちは考えています。

有権者一人一人が個人献金によって政治活動を支えるという、あたりまえの姿を実現してこそ、政治が本当に国民のものになるのではないでしょうか。

一読すればすぐに気づくが、これでは受け取り拒否の理由としては余りに根拠薄弱ではないだろうか。根拠は二つしか示されていない。一つは「国民の税金の『山分け』です」で、もう一つは「政党の政治資金は、……自主的につくるべきもの」だからだと主張する。

「山分け」にカッコを付けて意味ありげに説明しているが、二つ目の理由では「分けどり」と書き変えている。価値判断を抜きにすれば、「税金からの支出」であり、特別の裏金操作というわけではない。選挙にかかわる「税金からの支出」としては、選挙事務のための人件費、投票所の設置もあるが、立候補者には「選挙ハガキ」が交付されている。あるいは候補者のポスターを掲示する掲示板が設置される。共産党は第一の理由で、「支持していない政党にも献金することを事実上強制する」と主張している。確かに現金の給付と「選挙ハガキ」や掲示板という現物給付とには違いはあるだろうが、共産党の論法に従えば、「支持していない政党」の候補者にハガキを給付したり、掲示板を提供するのはけしからん、ということにはならないのか？

二つ目の「政党の政治資金は、……自主的につくるべきもの」という論拠は、確かにそのほうが良いだろうが、それは一つの考え方であって、万人共通の合意が成立しているわけではない。社会の統治に専門的にかかわる人たちに、国家予算を割く（配分する）ことが許されないことではない。共産党が主張するように「政党の堕落と国民無視の政治」になるかどうかは、このことだけを要因とするわけではない。

この二つの論拠の後に、「有権者の個人献金を基本とする日本共産党の財政活動は、国民の日本共産党への信頼の大きな源泉となっています」と説明している。そうかもしれないが、受け取り拒否によって生じているマイナス（前記の「カンパ」）も直視する必要がある。共産党が批判してやまない政党に「カンパ」することは、「日本共産党への信頼」を損なっているのではないか。「国民への背信行為」とか「制度の廃止をめざす世論の結集にも逆行」は為にする説明に近い。

何よりも、不自然なことは、共産党は政党助成金の受け取りを拒否しているという点についてはたびたび強調しているが、「カンパ」については絶対に触らないことである。「赤旗」は、前記のようなズル賢い仕掛けになっていることは絶対に報道しない。なぜなら、そんな仕掛けになっているのかと知ったら、誰もが「それはおかしい」と反応するからである。

さらに「憲法違反」について、「日本共産党カクサン部！」の問答では「憲法違反」とは書かれていない（本書、五〇頁）。『月刊学習』の問答のなかでも政党助成金に触れているが、そこでも「憲法違反」とは書いてない（二〇一八年一月号、二二頁）。また、天皇の国会開会式出席問題を思い出す必要がある。二〇一六年一月の通常国会で、共産党の議員は天皇の国会開会式挨拶に出席して、深々と頭を下げた。初めてのことである。それまでは「憲法違反」だとして、その取りやめを要求し、欠席していた（本書、一一一頁、参照）。どうして、「憲法違反」から出席・お辞儀へと大転換したのか、その説明の論文ひとつ書かれていないが、ともかく態度が一変した（ついでながら、私は出席して着席がベストだと考える）。この時と同じように、ただし今度は転換の理由を明示・説明して態度を転換することが望ましい。

付言すると、現行の選挙制度は、高額の供託金（選挙区で三〇〇万円、比例区で六〇〇万円）によって〈立候補権〉（一般には「被選挙権」とされている）が大幅に制限され、かつ衆議院は小選挙区比例代表並立制によって民意が極端に歪められている。故に〈歪曲民主政〉と捉えるべきであり、その是正が喫緊の課題である。

第3節　〈閣外協力〉の必要性

第二の提言は、〈閣外協力〉を明確に打ち出すことである。

現在の国会内の勢力図では考えにくいが、総選挙の可能性もあり、野党の再編や首班指名選挙で自民党の候補者が分立することもあり得る。その場合、最悪を避けて、次善の候補を選択する必要がある。大抵の場合には、首班指名選挙で勝利した候補者が首相になって組閣する場合にその候補に投票した政党はその内閣の構成員（大臣）になる。連立政権与党である。

共産党は自分たちも入閣する「野党連合政権」をさまざまな名称で主張している（この名称は、「野党連合政権の与党」なる不自然な用語が必要となるから不適切である）が、共産党が第一党になることはもちろん野党の第二党になることも難しいのが現実である。立憲民主党が主導して新政権が誕生する展望も容易ではないが、立憲民主党と共産党が連立政権を組むためには、普通に考えれば、立憲民主党が「日米安保条約反対」、「自衛隊は違憲」と政策転換するか、共産党が「日米安保条約容認」、「自衛隊は合憲」に転換するか、どちらかであろう。他に道はないのか？

活路が一つある。両党とも日米安保条約と自衛隊についての自説を貫きながら、共産党が〈閣外協力〉すれば、新政権の誕生と協力は可能になる。もちろん、この想定では、首班指名選挙で共産党が立憲民主党の候補に投票すれば、首班指名選挙に勝利するという議席配分が前提である。

あるいは共産党が「日米安保条約反対」と「自衛隊は違憲」を捨てるのか？　その可能性がゼロではないとも言えそうだから、共産党の〈閣外協力〉を強く提起する必要がある。

志位和夫委員長は、三月二五日に新宿駅頭での街頭スピーチで「いま問われているのは、自衛隊が違憲か合憲かではない。9条を変えることによって、海外での戦争に乗り出していいか悪いかではないでしょうか」と訴え、「（「そうだ」の声、拍手）」を得ている（「赤旗」三月二六日）。なぜ、「私たちは、自衛隊は違憲だと考えていますが、自衛隊は合憲と考える人たちも戦争に乗り出すことに反対の一点で協力しよう」と言えないのか。街頭演説ではあるが、この「いま」とは何時までのことなのか。これでは、前記のように天皇への態度を一八〇度変更したように、自衛隊についての根本的立場を転換することになるだろう。この転換を避けるためには〈閣外協力〉以外に道はない。〈閣外協力〉には利点がある。この日米安保条約や自衛隊とは別の他の問題でも、共産党独自の政策や方針を譲ることなく堅持した上で、その政権の成立に協力できることである。また、仮にその新政権が何かの問題で躓いて批判を浴びることになった場合に、その問題について異なる立場・政策を主張していれば、「共同責任」を問われることなく、自説の正しさを主張できる。二〇一二年の民主党政権の崩壊が民主党への信頼を失墜させたマイナスの経験を想起するまでもなく、政権与党としての失政は大きなダメージを招くから、安易な入閣は望むべきではない。

なお、私は以前からこの〈閣外協力〉を提案してきた（本書、一五六頁、参照）。また、自衛隊に対してどのように対応したらよいのかについては、第5章第3節で明らかにする。

第4節　機関紙「赤旗」の抜本的改革

第三の提言は、機関紙「赤旗」の抜本的改革である。

「『赤旗』紙面の抜本的改革」については、二〇〇三年に刊行した『不破哲三との対話』で「共産党改革の三つの提案」の第一として提起した（他に「『日本共産党綱領』を『日本共産党の趣旨』に書き換える」ことと、「党員と党友の二層構造に分ける」ことを提案した）。

その内容は、「①一面を『党外の左翼の声』に開放する、②研究発表・党内討論面を新設する、

③党外での共産党への批判を筆者、タイトル、掲載誌紙だけ紹介する」の三つである。
このような「抜本的改革」を実現すれば、「赤旗」への注目と期待は大きく広がり、読者の拡大も可能となるはずである。確かに近年は共産党についてだけの報道と合わせて他の政党や団体についての報道も増えつつあるが、もっと大胆に拡大したほうがよい。特に②の「討論面」の新設は、広く反響を呼ぶに違いない。これまでは、党大会の開催に合わせて、党内だけでしかも限られた条件で党内の異論も発表されていたが、それを党外の意見も含めて、日常的に展開したら、活動は飛躍的に活性化するだろう。どんなに大きな事件が起きても、あるいは従来の方針の変更が起きても、反対意見や異論が「赤旗」に掲載されないのはまともとは言えない。党内での活発な意見や討論を開かれたものとして明らかにしたほうが良い。「赤旗」の読者拡大のカギはここにこそある。

第５節　共産党の政治姿勢の根本的改善

第四の提言は、共産党の政治姿勢の根本的改善である。

志位和夫委員長は二〇一六年に、「赤旗」元旦号で上智大学教授の中野晃一氏との新春対談で中野氏の発言――「伝えたい相手にたいする敬意、若者の言葉でいうとリスペクトだと思うのですが、それがやっぱりわれわれに欠けていたものだなと思ったのです」――に応じて、「伝える相手へのリスペクトをもって、もっと謙虚にという努力が必要だと思います」と語った。これは貴重な反省である。これ以後、志位氏は機会あるごとに「リスペクト」(尊敬)と発言している。その作風が党内に浸透していくことを期待したい。

日常生活においても他人をリスペクトすることと、自分の独自の主張を保持・表現することとは難しいバランスを必要とする。

共産党は近年、後述するように「自衛隊・天皇・大企業」についてその存在を丸ごと容認するに近い主張をするようになりつつある(本書第5章第3節で詳述)。この新しい動向は、日本社会の一般的雰囲気に同調したもので、世間に浸透し世間からの支持を獲得するうえではプラスに作用する。「共産党は変わった、大人になった」という評価が示している通りである。一般的雰囲気に単純に逆らって奇態な主張を叫ぶなら、目立つだろうが、支持は広がらない。だからこの変化はプラスとも言える。だが、そのことは同時に共産党の独自の主張や位置を曖昧にすることにつながる。みんなと同じ、別言すれば他の政党とも変わりないことを主張するのなら、特別に共産党が存在しなくてもよい。この二律背反とも思える事態は、どうしたら突破できるのか。

話を分かりやすくするために、図式的に考えてみよう。或る物事について、歴史の歯車に逆行して悪い方向(戦争を望んだり、原発を推進することなど)に進むものを「右」と表現しよう。この「右」に対して徹底的に批判・対決する立場を「左」とする。その中間に広くどちらにも偏らない人びとが存在する。「中間派」である。例えば、二〇一四年の第二六回党大会での「自共対決」の強調は、この図式でいえば、「右」に対して「左」だけを強調する傾向である。「中間派」に対しても激しく批判・攻撃することになりやすい。それでは孤立するしかない。この傾向を脱するには二つの道がある。一つは、自らが「左」の立場を放棄して「中間派」に移行する道である。だが、それでは孤立は避けられるだろうが、自らが前記のように埋没することになる。もう一つは、独自に「左」の立場を堅持しながら、同時に、「中間派」を「敵」に廻すのではなく、「中間派」を理解する努力を重ね、情理を尽くして批判しながら、協力・共闘する道である。〈やさしい〔優しい・易しい〕独自性〉と言えば分かりやすいだろう。

この〈やさしい独自性〉の対極となるのが「独善性」である。「独善性」は排他性と一体である。これらの傾向は、共産党だけではなく、悲惨な内ゲバに陥った新左翼党派にも、日蓮を継承して他宗派を「邪宗」と強く排斥する創価学会の場合にも同様に体質化されていた。

「独善性」を抑えることなしに、他人をリスペクトすることは出来ない。この課題については、志位氏はいくらかは自覚しつつあるようである。

志位氏は二〇一六年四月の第五回中央委員会総会の「結語」で、共産党について「これまでは『独善の党』、『力がない』という見方もありました」と述べた。これだけなら、前記の「リスペクト」しようという発言と合わせて全面的に同意できる。だが、志位氏はすぐに「しかし、党の現実の方針と行動によって、こうした誤解や偏見が一挙に払拭されつつあるのではないでしょうか」と続ける。これでは本当の反省とは言えない。だから「いくらかは自覚」と限定した。

「独善の党」という評価は「誤解や偏見」ではない。次のような言い方はどう理解したら良いのであろうか。不破哲三氏は一九八六年に著した『経営での活動と党建設』(「経営」とは、共産党独特の言葉で、「地区」(=居住地域)の対概念で、企業とか職場を意味する)で、「科学的社会主義にもとづく全面的な教育活動は、科学的社会主義の党である日本共産党だけが、その資格と能力をもつ仕事であります」(八六頁。傍点は村岡)と強調した。

不破氏だけではない。長く労働運動分野でトップの指導者だった荒堀広氏は一九七二年に『労働組合運動論』を刊行したが、そこには労働組合の「限界性とは、労働者階級の利益を真に代表する前衛政党の指導性を抜きにしては……その力を全面的に発揮することができないということである」(二二五頁)とか、「わが国において労働者階級の党とは日本共産党のことであ」(「第6章・労働組合と政党」、二二六頁)ると強調した。

これらの言動は「独断」と判断するほかない。二人の発言は古いものではないか、という反発を招くかもしれないが、不破氏は現在も常任幹部会委員であり、荒堀氏は二〇〇四年の第二三回党大会まで常任幹部会委員、二人ともこれらの発言を反省してはいない。

これらの言動を直視して、率直に誤りであったと反省する必要がある。

私は、共産党がここに提示した四つの問題を自らの課題として意識して引き受け脱皮することが望ましいと強く希求する。そうすれば、共産党は〈日本市民の共同の橋頭保〉として確実にさらに成長し、日本の政治を変革する主導力の一つとなることが出来るであろう。

他にも理論的探究の課題も残されているが、以下の諸章で明らかにしたい。

第６節　なぜ共産党に期待するのか——日本市民の共同の橋頭保

では、なぜ日本共産党に期待するのか？

日本の政治において共産党が重要な役割を果たし、小さくない位置を占めているからである。現在、共産党の国会議員は、衆議院に一二人、参議院に一四人。参議院では議員提案権を有している（地方自治体の議員総数は今年五月で二七七一人で全体の約八％）。少数なので、衆参の委員会での発言時間なども制限されているが、現下の国会では、森友疑惑、加計疑惑などでも積極的に論戦を挑み、独自の情報を入手し、活用して真相究明の先頭に立っている。労働法制改悪に反対し、改憲阻止の「３０００万署名」を最先頭で進めている。

「安倍一強」の傲慢で不安な政局が五年半も続き、近年、安倍晋三首相によって憲法を改悪・破壊する〈壊憲〉策動が強められているが、共産党はこの〈壊憲〉策動に真っ向から対決して闘っている。〈壊憲〉を阻止するためには、広範な市民の協力が絶対に必要であるが、市民と野党の共闘を実現する推進者・かなめとして共産党は活動している。

二〇年余以前ならば、「護憲の党」として社会党が存在していた（一九五八年には衆議院に一六六人、翌年は参議院に八五人）が、社会党は一九九六年に解体し、後継の社民党は今や国会議員が衆参合わせてわずか四人に凋落した。一九六〇年代後半には、「社会党や共産党を超える」と叫んでいた新左翼も活発に活動していたが、すでに昔日の思い出となってしまった。このような左翼勢力の衰退のなかで、共産党は組織の基本的骨格を保持して活動している。

市民と野党の共闘について振り返ると、昨年二〇一七年一〇月の総選挙における共産党の活動に着目しなくてはならない。にわか作りの希望の党などが分断を狙ったが、共産党は、六七の一人区で予定候補を取り下げ、統一候補の擁立に尽力し、「市民と野党の共闘」を最先端で担った。この勇気ある決断は、共産党が〈日本市民の共同の橋頭保〉の位置に立っていることを実証した。私は、一昨年二〇一六年に「宮本顕治の凄さと時代的限界」（本書に収録）で〈日本市民の共同の橋頭保〉と高く評価した。

そして、来年七月に予定されている参議院選挙に向けて、共産党は一人区での「本気の共闘」を強く呼びかけている。

共産党がここまで到達するには九〇年余の歩みが必要だった。共産党は一九二二年に非合法下で創立された。二五年には普通選挙（男子だけで高額納税者だけに投票権）と同時に治安維持法が制定され、「アカ攻撃」の残虐な弾圧を加えられた。敗戦をまたいで半世紀を経ても、二〇〇〇年六月の総選挙では公明党は周辺に「アカ攻撃」のビラを大量に配布した。それが効き目があると思われていたからである。このように「反共風土」が根強いのが、日本の政治文化なのである。歴史を振り返れば、「民に権理があるとは何のことか」(1)――町人は斬り捨て御免だった徳川時代を二五〇年も重ねてきた日本、全面的というわけではなかったが「鎖国」してきた日本では、一九世紀後半、明治維新（一八六八年）の後でもこれが知識ある者の常識だった。「権理」の意識は無かった（あるいはきわめて弱かった）。ついでながら、rigth の訳語は、「権理」（福沢諭吉『学問のすすめ』）もあったが、やがて「権利」となり、理＝ことわりのニュアンスは消し去られ、利害損得に誘導されるようになった。

二〇一五年に著した『日本共産党をどう理解したら良いか』の冒頭（一〇頁）から引用しよう。

戦前における共産党の位置については、鶴見俊輔が『現代日本の思想』で的確に明らかにしている。

「日本共産党が、他の諸政党にくらべられるとき、その特徴となるのは非転向性である。日本の思想は実にぐらりぐらりと、外的な刺激に応じて『移動』してゆく。……すべての陣営が大勢に順応して、右に左に移動してあるく中で、日本共産党だけは創立以来、動かぬ一点を守り続けてきた。それは北斗七星のようにそれを見ることによって、自分がどの程度時流に流されたか、自分がどれほど駄目な人間になってしまったかを計ることのできる尺度として、一九二六年（昭和元年）から一九四五年（昭和二〇年）まで、日本の知識人によって用いられてきた(2)」。

戦後の共産党の歩みについては、ここでは省略するが、『どう理解したら良いか』の「あとがき」で確認したように、「共産党が苦難の歩みを通して築き上げてきた実績に勝るものは、日本の左翼運動には存在しない。新左翼は共産党の限界や誤謬を批判し、共産党を乗り越えると呼号したが、結局は衰退してしまった」（一五三頁）のである。

共産党を偏見なしに認識・評価しなくてはならない、もう一つの大きな理由がある。共産党については誤解も根強く、その本当の姿が知られていないからである。志位和夫委員長は、「2018年党旗びらき」で「ある著名なジャーナリストが書いた『日本共産党の綱領全文を読んでみたら進化に驚いた』と題するブログが評判になっています」（「赤旗」二〇一八年一月五日）と話した。このジャーナリストは「昔から共産党が大嫌い」で、共産党は「武力革命を目指す」と思っていたという。今どきこんな錯覚を保持する「著名なジャーナリスト」が存在すること自体が驚きではあるが、ともかくそのことを新年党旗びらきで紹介する必要があるほどに、共産党は誤解されているのである。

さらに、冒頭の「市民と野党の共闘」を追求するなかで、他人への「リスペクト」に心がけるなど共産党も変わってきた部分がある。分かりやすい例をあげよう。今年二〇一八年に、「赤旗」は創刊九〇年を迎えたが、その関連コラムで、この間、市民活動の先頭に立って活動している「総がかり行動実行委員会」の共同代表・福山真劫氏が、「私も、平和フォーラムも変化しましたが、『赤旗』も変わったと思います」（一月二八日）と語っている。もう一つ。谷口信和・東京農業大学教授は、「野党共闘を追求する共産党の姿勢を『この党の成熟の一端を垣間見る思いがした』と評価しています」（「赤旗」三月一八日）。この記事は、農協協会発行の「農業協同組合新聞」に、小池晃書記局長のインタビューが掲載された（三月一〇日）ことを紹介するもので、その聞き手が谷口氏である。この機関紙に小池インタビューが掲載されたことと合わせて留目したほうがよい。さらに昨年一〇月には総選挙最中に「赤旗」の「焦点・論点」に『戦争の大問題』(東洋経済新報社)を著した、伊藤忠商事の元会長で中国大使を歴任した丹羽宇一郎氏が写真入りで紙面半分の大きな記事で紹介された(「赤旗」二〇一七年一〇月一七日)。このような経歴の人物が「赤旗」に登場するのは稀である。[3]

政策面でも近年大きく変化した問題がある。何よりも二〇一一年の3・11東日本原発震災に直面して、共産党は原発に対する対応・政策を大きく転換した。それまでは「原子力の平和利用」を肯定し、「安全な原発を」と主張していた。歴史的な経緯を述べる余裕はないが、二〇一四年の第二六回党大会の「大会決議案」を丁寧に一読すれば分かる。[15]原発とエネルギー」には、「二〇一二年九月、『即時原発ゼロ提言』を発表し」と書いてある。3・11から一年半後である。なぜ、3・11直後にこう提言できなかったのか。この記述の少し前に「福島原発事故の経験を踏まえ、日本共産党は、原発・エネルギー政策を発展させる……提起を行ってきた」と書いてある。「発展」と表現しているが、これは日本軍部が前線での敗退を「転戦」とごまかしたのに似ている。本当は、「変更」「改善」というのが正直で正しい。不破哲三氏は、二〇一一年五月にも「安全優先の原子力管理体制」と書き、パンフレットにして宣伝していた。このパンフは今や使い物にはならない。

断るまでもないが、日本軍部は敗戦に突き落とされたが、共産党は前記のように「改善」したのだから、変化の方向については支持しなくてはならない。ただ、「前から正しい主張」だったという偽造は止めたほうがよい。

「脱原発」としないで「原発ゼロ」と新しい言葉を選んだことも潔くないが、ともかく「原発ゼロ」と政策を転換したことは、この点で新左翼からの批判を招くことを防いだ。もし、共産党が従来の主張を繰り返していれば、新左翼は「原発を容認する共産党」と批判して独自性を主張できたであろうが、そうは出来なくなった（この問題については、『どう理解』で詳しく明らかにした）。今年二〇一八年一月に小泉純一郎、細川護熙両元首相らが顧問を務める原発ゼロ・自然エネルギー推進連盟（原自連、会長・吉原毅城南信用金庫顧問）が提案した「原発ゼロ法案」に、共産党は即日、賛意を表明した。そして、三月九日には「原発ゼロ基本法案」を四野党（立民、共産、自由、社民）で共同提案した。

補足的に言えば、一部には「共産党はダメだ、問題にする価値がない」とか「自分は共産党を超えている」と思う傾向も残っているが、そういう人には、では「自分は何をつくりあげてきたのか」と自問することを勧める。何かの一点で共産党に優越することがあったにしても、それは共産党を超えたということを意味しない。「葦の髄から天井を覗く」という警句があるが、私たちはそういう視野狭窄に陥ってはならない。

以上に略記したように、共産党は日本の政治において重要な役割を果たしていると考えるがゆえに、私は共産党に強く期待する。

だが、そのことは、共産党に無批判的に迎合することを意味しない。いや、逆に共産党にきびしい批判的な態度を保持したうえでの期待である。前記のように共産党は健闘しているとはいえ、「党勢」は伸び悩んでいる。「三十数年来の党建設の後退傾向」（本書、四〇頁、七八頁）と自認している。そして党の理論的水準も落ちている。前記との関係で例証すれば、①今では「市民と野党と共闘」と書いているが、昨年九月二八日までは「野党と市民の共闘」と表記していた。市民が先に表記されるように変わった、その意味は小さくはない。②「壊憲」策動には反対・批判してはいるが、明確に「壊憲」と言わず、「改憲」で済ませ、「活憲」とは書かない（社民党は「活憲」と主張）。「立憲主義」は頻発するように変化したが、党の綱領にはこの四文字は書かれていない（本書、第５章第４節、参照）。他にも自衛隊や天皇については語らなくなるなど、理論的に混迷を深めている（同、第３節、参照）。それらのマイナス面についても鋭意あきらかにしなくてはならない。

〈注〉

(1)　平野義太郎「議会および法制史」。長谷川正安・藤田勇編『文献研究　マルクス主義法学』日本評論社、一九七二年、六五頁。『連帯社会主義への政治理論』一二六頁で詳述。

(2)　久野収・鶴見俊輔『現代日本の思想』岩波新書、五四頁。

(3)　丹羽宇一郎氏は、私が編集長を担っている季刊『フラタニティ』創刊リーフレットで、私について「『沈黙の罠』に陥っている現下の日本論壇界で異彩の光を放つ日が遠からずやってくることを確信している」と評した。

〈追　記〉

六月の党勢は、入党申込み：七七一人、「赤旗」日刊紙：六六人増、日曜版：七六四人増（「赤旗」七月二日）。さらに、七日に「党員現勢は、昨年七月以来一一カ月ぶりに三六人の前進になりました」と組織局が発表した。これでは、「特別月間」の目標には遠く及ばない。

第2章　日本共産党の最近の動向

この章では、日本共産党の最近の動向について明らかにする。

第1節　『週刊朝日』の志位和夫委員長インタビュー

共産党の志位和夫委員長が、『週刊朝日』のインタビューに登場した（二〇一八年六月一日）。週刊誌に志位氏のインタビューが掲載されることは珍しい。志位氏は焦点になっている「野党共闘」について、「私たちは野党共闘のなかに不一致点は持ち込まないようにしてきました。例えば、共産党と立憲民主党の間で、日米安保条約に対する立場は異なります。こういう問題は共闘に持ち込まない」と語った。そして、「いま、参院は自民・公明とその補完勢力である維新で一六一議席です。定数は二四二ですから、その半数は一二一。つまり、自公と補完勢力をおよそ四〇議席減らせば少数にできる。来年の参院選で、全国三二の一人区で野党統一候補を実現し、前回を上回る『本気の共闘』ができるかどうかが決定的な鍵となります。一三年の参院選では、一人区で当選した三一人のうち野党は沖縄県の一議席だけでした〔この発言の前に「一六年の参院選では全国三二の一人区すべてで野党統一候補を立て、一一勝しました」と発言〕。次回はこの改選で、魅力ある共通政策を掲げ、『本気の共闘』ができれば、情勢を激変させることは可能です。これまでは共闘をまとめるために共産党が一方的に候補者を降ろすということをやってきましたが、次はそういう対応はしないと決めています。相互推薦・相互支援によって、共闘に参加する政党がお互いに議席数を伸ばしていくことを目指したい」とも明らかにした。

週刊誌のインタビューだから、自説を全面的に語るわけにはいかないだろうが、それでもこのインタビューからは、今後の共産党の活動にとって重要な方針につながる発言が示されている。「共産党と立憲民主党の間で、日米安保条約に対する立場は異なります。こういう問題は共闘に持ち込まない」という発言である。当面の野党共闘を実現するためには、この方針は正しい、と私も考える。このインタビューでは触れられていないが、共産党は「野党連合政権」に言及することもある。すぐに実現する可能性が高いわけではないが、この「野党連合政権」――正しくは「過渡的政権」か「民主的政権」――が誕生する場合に「日米安保条約に対する立場」はどうなるのだろうか。容認にせよ反対するにせよ、その立場を明確にしなくては政権を担うことはできない。ここでも共産党は「日米安保条約反対」の旗を降ろして入閣するのだろうか。

「日米安保条約反対」の旗を高く掲げながら、この新政権の誕生に協力する活路はないのか。前章で提起した「閣外協力」こそがその活路である。

第2節　「入党のよびかけ」の検討

次に、日本共産党中央委員会が五月一一日に発した「入党のよびかけ」（「赤旗」五月一二日）を取り上げるのが適切であろう。このような呼びかけは恐らく初めてではないだろうか。八〇〇〇字近くで「赤旗」全一面を使っている。共産党が現在、何を主要に主張しているのかを理解する格好の素材である。それゆえに、少し詳しく紹介しよう。

「入党のよびかけ」は、初めに「『しんぶん赤旗』や後援会ニュースを読んだり、日本共産党を応援していただいているあなたの思いに誠実に向きあおうとするなら、私たちからも率直に気持ちを伝えることが大事だと考えたからです」と呼びかけの理由を説明する。次の六つの柱が立てられている。その大きな見出しは次の通りである。

〔1〕「アメリカ・財界中心」の政治の異常なゆがみを大本からただす党
〔2〕力あわせ、未来ひらく――統一戦線の力で変革をすすめる党
〔3〕世界の本流にたった外交をすすめる党――21世紀の新しい世界の姿をとらえて
〔4〕未来への理想を掲げる党――資本主義を乗り越え、人間の全面的発展が可能となる社会へ
〔5〕96年の歴史をもつ党――不屈のたたかいの到達点にたって
〔6〕あなたの人生を社会進歩と重ねて――入党を心からよびかけます

（〔１〕〜〔６〕は村岡が付けた）。

〔１〕では、「日本の政治」の「異常なゆがみ」として、「一九五一年に日米安保条約」が結ばれたことを指摘し、「一％の大企業と富裕層」と「九九％の人々」とを対比して「異常な『財界中心』の政治」を「『ルールなき資本主義』の国」と捉えて批判し、結論として「〝『アメリカいいなり』『財界中心』という二つのゆがみをただす民主主義革命によって、『国民が主人公』の国をつくろう〟――これが綱領で掲げている私たちの目標です」と確認し、「日米安保条約を廃棄し、……『ルールある経済社会』をきずきます。日本国憲法のすべての条項を守り、とくに憲法９条をはじめとする平和的・民主的条項を全面的に実施し、憲法のすばらしさが生きる日本をつくります」と結論する。

〔２〕では、まず「思想・信条の違いをこえて、当面する改革に賛同するすべての人々が力をあわせ、統一戦線の力で国民多数の支持と共感を獲得し、社会を変えようというのが、日本共産党の一貫した立場です」と明らかにし、「民主主義革命」と「統一戦線の政府・『民主連合政府』」をつくること」を「私たちが綱領で掲げている方針です」とする。そして、「安保法制（戦争法）が強行された二〇一五年九月一九日、私たちは、『戦争法廃止の国民連合政府』（野党連合政権）を提案し……市民と野党の共闘が対決する新しい時代を切り開いてきました」と説明する。

〔３〕では、「日本共産党は、野党であっても自主自立の平和外交にとりくんでいる政党です」として、「二〇一七年七月七日、一二二カ国の賛成で核兵器禁止条約が採択され」たと指摘し、「被爆者の声と日本の原水爆禁止運動、核兵器廃絶をめざす世界の人々の行動」を高く評価し、「軍事同

盟に縛られない、非同盟・中立の流れも発展しています」と展望する。
〔4〕では、「未来への理想」として、「一人ひとりの個人の自由な発展が、すべての人間の自由な発展の条件となる未来社会――社会主義・共産主義の社会をめざすことです」と明らかにする。ここでは、「資本主義の矛盾の根源は、工場、機械、土地などの生産手段が個々の資本家に握られ、資本の利潤を増やすことが生産の最大の目的となる『利潤第一主義』＝もうけ第一主義にあります。生産手段を個々の資本家の手から社会の手に移す『生産手段の社会化』を行い、資本の利潤ではなく、社会と人間の発展を目的とする生産に変えようというのが、私たちの考える未来社会への変革です」と説明する。そして、「〝すべての人間の自由で全面的な発展〟――ここに私たちのめざす資本主義を乗り越えた未来社会の最大の特質があります」と説明する。さらに、「崩壊した旧ソ連は、人間を抑圧する体制、他国に覇権主義をふるう体制であり、社会主義とは無縁の社会だったと考えています」と付け加える。
〔5〕では、「九六年の歴史をもつ党」の「不屈のたたかいの到達点」について、「戦前の〝天皇絶対〟の政治とのたたかい」、「戦後の旧ソ連などによる覇権主義とのたたかい」、一九八〇年代からの「『日本共産党を除く』という『オール与党』体制とのたたかい」を「三つのたたかい」として総括し、「二〇一三年の参院選から日本共産党は新たな躍進をかちとり……市民と野党の共闘で日本の政治を変えるという新しい時代が開かれました」と明らかにする。
最後に〔6〕では、入党と党活動の中身を確認し、「一人ひとりの得手や条件を生かし、学習と

成長を支えあい、助け合って活動します。方針はみんなで民主的に討議して決め、決定したらみんなで実行する『民主集中制』というルールを原則にしています。そうしてこそ、個性ある一人ひとりの多様な力が発揮され、その力を一つに集めて政治と社会を変える大きな力にすることができるからです」と説明する。そして、「自分の幸せと社会の進歩を重ねて生きる、生きがいのある人生を送り、次の世代の人々に歴史をつなごうではありませんか」と呼びかける。

八〇〇〇字弱で一つの政党の歩みも含めた案内を書くことは容易ではないから、その意味では良く書かれたものと評価できるだろうが、一読して色いろと気づくこともある。

まず何よりも、この「入党のよびかけ」は誰を対象と想定して書かれたのであろうか。何かの課題をテーマとする市民運動や労働組合の活動家を対象としたのであれば、環境問題とか脱原発とか職場の問題に簡単にでも触れるはずであるが、そういう具体性がまったく感じられない。例えば、「原発」の二文字は「福島原発事故」と「原発にしがみついています」の二カ所に出てくるだけで、共産党が三月九日に四野党（立民、自由、社民）で共同提案している「原発ゼロ基本法案」にも触れていない。これでは、脱原発のために活動している若者を惹きつけることはできない（共産党と原発問題については、本書、三一頁参照）。

前記のように、〔5〕では「九六年の歴史をもつ党」について説明しているが、今日の到達点がどうなっているのかについてはまったく語らない。「二〇一三年の参院選から新たな躍進」と書いてあるが、これまでは「第三の躍進」を強調していたはずである。二〇〇三年に刊行された『日本共産党の八十年史』では「九〇年代なかばから、新たな躍進の時期をむかえました」（二六八頁）と書いていた。実は、昨年二月には「三十数年来の党建設の後退傾向」と明らかにしていた（この問題については、第4章第2節、七八頁参照）。「第三の躍進」は消え失せ、党員や「赤旗」読者がどのくらいなのかその数字を書くことが出来なくなってしまった。

「資本主義」については、前記に引用したように、「利潤第一主義」と指摘し、「生産手段の社会化」と書いてあるが、労働者が管理することには触れない。そもそもこの「よびかけ」には「労働者」はただ一度だけ「勤労市民、農漁民、知識人」などと羅列されて登場するに過ぎない。もちろん「労働者階級」とも書かれていない。そもそも、「資本家」は二度出てくるが、「階級」はどこにも登場しない。従来のマルクス主義の定説では、マルクスが『共産党宣言』の冒頭で書いた「歴史は階級闘争の歴史」を踏襲・強調していたが、この教条を忘却・廃棄したことを意味する。従来のキー概念であった「階級」を捨てたことについては、私が前から主張してきたこと（本書、一三一頁、一五一頁）でもあり、プラスの変化である。

「未来への理想」については、共産党しか使っていない「社会主義・共産主義の社会」と一言触れ、「すべての人間の自由で全面的な発展」を強調しているが、「すべての人間」が「全面的な発展」を遂げれば、人間の個性は消失してしまう（この問題については、次節で詳述する）。

書いてあることの弱点や誤りを指摘することよりも、書かれていない弱点や誤りを批判することのほうが難儀である。八〇〇〇字弱の「よびかけ」に、自衛隊も天皇も一言も出てこない。まるで、日本には自衛隊も天皇も存在していないかのようである。それとも自衛隊や天皇について考えることは、共産党への入党にとってまったく不必要な問題だということか。これでは、自衛隊や天皇について考え・悩んでいる人は、共産党には近づかない（この問題については、第5章第3節、参照）。もう一つ欠落している重要なことがある。この「よびかけ」には、一九六〇年の安保闘争をはじめ戦後日本の民衆の大きな歴史的闘いについての記述が無い。つまり、日本社会や歴史との繋がりが軽視されている。〔5〕で上げられている「三つのたたかい」はすべて共産党だけの歩みである。

このように、この中央委員会による「入党のよびかけ」は、きわめて不十分な内容と判断するほかない。そこには、積年の理論的後退と混迷が反映されている。

わずかに一つの論文を検討するだけで全体を判断するわけにはいかないと反発する人もいるだろうから、もう一つ検討しよう。今度は、委員長の志位和夫氏である。

まずは、前記の「よびかけ」の一週間後、五月一九日に全国革新懇の第三八回総会で行った「特別発言」を取り上げる。「市民と野党の共闘の到達点と展望」とタイトルされて、翌日の「赤旗」全一面を使って報道されている。

志位氏は、この間の「市民と野党の共闘」を跡づけしたうえで、当面の課題として、新潟県知事選と沖縄県知事選の重要性を強調し、「原発ゼロ基本法案」にも触れ、来年の参議院選挙一人区での「相互推薦・相互支援」の決定的重要性を強く訴えた。「野党共闘」の共通目標として「安保法制を廃止し、日本の政治に立憲主義・民主主義を回復していくこと」を掲げた。

最後に引用したように、志位氏は「安保法制を廃止し」とまでは言うが、この「特別発言」では「日米安保条約」には触らない。自衛隊についても触れない。だが、この発言の場は全国革新懇の総会であり、全国革新懇は創設当初から「革新三目標」(本書、九七頁、参照)の軸として「日米安保条約の廃棄」を掲げていた。いつから取り下げることになったのか。仮に、野党共闘のレベルでは「安保法制の廃止」でよいとしても、自分たち(共産党や全国革新懇)は「日米安保条約の廃棄」を主張する、と打ち出すべきではないか。そうしないと、「日米安保条約の廃棄」を主張する声は消えて無くなってしまう。「新左翼の俺は主張するぞ!」とつぶやいても、問題外である。

第3節　志位委員長の新春対談の誤り——「人間の全面発達」か〈友愛〉か

もう一つ、今年(二〇一八年)元旦の「赤旗」に掲載された志位委員長と石川康宏氏の新春対談を取り上げよう。「赤旗」四面余も使う長大なもので、一面トップに大きな写真とともに「市民と野党の共闘は日本社会にしっかりと市民権を得た」、「世界でも日本でも、逆流を乗り越え、新しい時代を開く大変動が起こった」と大見出しが打たれ、「世界と日本の問題、展望について縦横に語り合いました」とリードがついている。石川氏は神戸女学院大学教授で、不破哲三常任幹部会委員とも何回も鼎談するいわば太鼓持ちである。

「縦横に語り合」ったというが、世界と日本の経済については外されている。日本共産党の深刻な党勢の現状（本書、第4章、参照）についても目をつむっている。ここでは前項で指摘した「未来社会」についての説明についてだけ取りあげる。

まず、志位氏が「未来社会」を取り上げ、しかも「生産手段の社会化によって、生産の目的を『利潤第一主義』から『社会と人間の発展』に変える」と明らかにしている点については、賛意を表明する。日本の政党の党首で新年初めに「利潤第一主義」や「資本主義的生産」に触れる例は他にはいないであろう。それだけでも高く評価しなくてはならない。

だが、問題はその先にある。志位氏は、この発言の直前で次のように語る。

「『すべての人間の自由で全面的な発展』――これが未来社会の一番の特徴であり、マルクスがその最大の保証を労働時間の短縮に求めたということです。社会主義・共産主義社会にすすんで……」。

問題は、「すべての人間の自由で全面的な発展」にある。この一句は最近、志位氏が強調するようになった。例えば、昨年一二月一八日の「赤旗」にはこの一句が四段見出しで大きく書かれている。山梨県での志位氏と語る集いの記事である。志位氏は「未来社会の一番の特質は、『人間の自由で全面的な発展』を保障する社会ということにあります」と強調している。

この一句は「人間の全面発達」とも表現される。出所はマルクスである。マルクスは『ゴータ綱領批判』で「諸個人の全面発達」と書き、『資本論』でも「全面的に発達した人間」と書いていた。だから、はるか以前から論じられ、多数の著書が出されている。例えば『人間発達の経済学』（基礎経済科学研究所編、青木書店）が一九八二年に刊行された。不破哲三氏も、『古典への招待』（二〇〇八年）や『マルクスは生きている』（二〇〇九年）で触れている。よく知られているように、マルクスは『ドイツ・イデオロギー』で「朝には狩りをし、午後には釣りを…」[1]と書き、トロツキーは『文学と革命』で「平均的な人間のタイプは、アリストテレスやゲーテやマルクスのような水準に高まるだろう」[2]と夢想した。

だが、この言葉＝「すべての人間の自由で全面的な発展」は、二〇〇四年に不破氏の主導によって大改定した現在の綱領には書かれていない。綱領には「社会のすべての構成員の人間的発達を保障する土台をつくりだす」と書かれている。「全面的」というキーワードは無い。不破氏は「人間の自由を全面的に実現する未来社会」（九五周年講演）とは話すが、「すべての人間」とも「全面的な発達」とも書かない。

私は、二〇〇二年に書いた論文で「マルクス主義は〈多様性〉を軽視」[3]と節を立てて論及し、一昨年に「ソ連邦の崩壊とマルクス主義の責任」でこの問題を取り上げ、「全ての人間が『全面発達』したら、論理的には一切の個性は消失する。それでは『多様性』を認めなくなるのは当然である」と明らかにし、「このような夢想ときっぱりと手を切らなくてはならない」[4]と結論した。この私の「全面発達」説への批判については、森岡真史氏が拙著への書評で「きわめて鋭い指摘である」[5]と評した。

志位氏が「未来社会」について語るのは積極的なことであり、私は前記のようにプラスに評価する。だが、その内容は、この点で決定的な誤りに陥っている。

〈注〉

（1）マルクス『新訳・ドイツイデオロギー』新日本出版社、一九九六年、四四頁。

（2）トロツキー『文学と革命』。ロバート・タッカー『マルクスの革命思想と現代』研究社、一九七一年、一二一頁から重引。村岡到「多様性と自由・平等」『生存権・平等・エコロジー』白順社、二〇〇三年、一三七頁で詳述。

（3）村岡到「多様性と自由・平等」『生存権・平等・エコロジー』白順社、二〇〇三年、一三四頁。

（4）村岡到「ソ連邦の崩壊とマルクス主義の責任」『ソ連邦の崩壊と社会主義』ロゴス、二〇一六年、三七頁、三八頁。本文の直前の記述をさらに詳述。

（5）森岡真史・書評「マルクス主義の責任の明確化」。村岡到編『ロシア革命の再審と社会主義』ロゴス、二〇一七年、一六一頁。

第4節　「カクサン部！」大活躍でも非公認

ここで少し過去に目をむけることになるが、近年の共産党の歩みのなかで注目すべき動向を明らかにしたい。

今から五年前、二〇一三年七月に参議院選挙が行われたが、この選挙からインターネットでの選挙活動が解禁された。四月に「インターネット選挙運動解禁に係る公職選挙法の一部を改正する法律」（議員立法）が成立した。これまでは「べからず選挙」と言われているように、選挙活動は幾重にも厳しく規制・禁止されていたが、この法律によって、ネットによる選挙のための情報の伝達が幅広く解禁されることになった。例えばこれまでは未成年者（年齢満二〇歳未満）は、選挙運動をすることが出来なかったが、可能となり、屋内の演説会場での選挙運動のために行う映写が解禁された。

選挙告示日の六日前、六月二八日に、共産党は、「日本共産党カクサン部！」なるものをネット上でスタートした。その二カ月前四月に「ＳＮＳ活用全国交流会」が党本部で開かれた（後述の単行本、四〇頁）。「！」マークまで付けた「カクサン部」とは何のことか、すぐに理解できた人はいないだろう。「拡散」と漢字にすれば、宣伝のための手段だと分かる。ネットでは情報を広く伝達することを「拡散」と言う。その全容を知るには、ネットで検索するのが便利である。そのトップページを一見しただけで誰もがビックリするであろう。「何だ、これは？　これが共産党か！」と驚く。そして、「日本共産党カクサン部！」はこの選挙で大活躍して、改選三名から八名当選に躍進（非改選三名で議案提案権を獲得）するうえで決定的に貢献した。キャラクターの一人に「沖縄担当部員・しいさあ」が入っている。

この大活躍は、マスコミでも直ちに話題となった。「読売新聞」は「ネット解禁13参院選」として「ゆるーく政党ＰＲ」の大きな見出しで、他の政党と合わせて紹介し（七月六日）、選挙後には「朝日新聞」で「共産つぶやき1万件　ゆるキャラで拡散」（七月二三日）、「産経新聞」ではキャラクターのトップ「雇用のヨーコ」が「話題を集めた」（七月二六日）と報じられた（『日本共産党カクサン部！』八六頁）。

さらにアメリカの「ウォール・ストリート・ジャーナル」までが選挙最終日に一面を使って報道した。「七月二一日の参議院選挙を前に、日本共産党のキャラクターが話題を集めている。……彼らは八人のマスコットで構成する日本共産党『カクサン部！』のメンバー。九一年の歴史を持つ共産党のイメージ刷新を目指す中核部隊だ。共産党はそれらのマスコットを通じ、ハイテクに強い流行に敏感な政党というイメージを広めようとしている」と的確に紹介した（同、八七頁）。

これだけのことであれば、共産党にもネットに習熟したメンバーが存在していて、共産党も時代の波に乗って変化している、というだけである。だが、それだけのことではなさそうである。

これほど大きな反響を創り出したにもかかわらず、日本共産党カクサン部は選挙投票日の翌日、七月二二日に「休部」してしまった。だが、「数日後に再開を宣言」（アメリカのネット新聞「ハフィントン・ポスト」八月一六日。同、八八頁）。確かに選挙用に開設されたとはいえ、この経緯はいささか不自然である。実は、この経緯について、党宣伝局次長の田村一志氏（二〇一四年の第二六回党大会で党宣伝局局長）が「ネットの可能性と政治革新」と題する論文で明らかにしている。田村氏によると、カクサン部は選挙後に閉鎖され消えた。そうしたら、「『休止している場合じゃない！』と抗議殺到で、ただちに再開」したと正直に内幕を紹介している（機関誌『前衛』二〇一三年一一月号）。「ただちに再開」されたというのだから、小さなことに拘っていると思うかもしれないが、では、なぜそんな内幕をわざわざ論文に記載したり、カクサン部を紹介する単行本に記録する必要があるのだろうか。恐らくそれだけの意味が当事者にはあるのであろう。

選挙後、九月に共産党は第八回中央委員会総会を開いて選挙を総括した。その「決議」では「解禁となったインターネット選挙での日本共産党の健闘」を確認したが、なぜか、肝心のこのカクサン部には触れない。

実は、大活躍したカクサン部は、信じられないが、共産党の正規の「機関」ではない。中央委員会総会などによる機関決定によって開設されたものではない。

ネットで共産党のカクサン部を覗くと、「部員紹介」という見出しがあるので、クリックすると人名ではなく、「雇用のヨーコ」などキャラクターの絵と愛称が飛び出す。「誕生物語」も紹介されている。そこには「二〇一三年春、代々木のとある立ち飲み居酒屋にて」とあり、「ウチのゆる〜い感じの党員集めて、ウエッブ専用の特命PR部をつくるってのはどうでしょう!?」などという秘話まで紹介されている。前記の『日本共産党カクサン部!』にも「カクサン部!のひみつ」として、「ボクが上司のみすたあ・えっくすに話していたように、当初は、『ゆるーい』×『共産党』＝『ゆるさん!』」と発案されたが、「『反対、反対ばっかじゃイヤ』ってダメ出しくらいました」。それで「カクサン部!」誕生となったということである。

つまり、「カクサン部!」は飲み屋の会話でスタートした。そして、正規の指導機関では一度も討議・決定されていない。「上司のみすたあ・えっくす」とは誰のことなのか？　だから、二〇一四年に開かれた第二六回党大会で決定された党の機関のなかにも位置づけられていない。古参の律儀な党員なら「民主集中制はどこに行ったのだ」とつぶやくだろう。

参議院選挙の翌年二〇一四年、第二六回党大会の直前に新日本出版社から、すでに引用してきた『日本共産党カクサン部！』が「人気沸騰中！『雇用のヨーコ』を生んだ日本共産党『カクサン部！』が、ついに出版デビュー。政治の新しい姿がここに！」という帯を付けて刊行された。その著者は「チーム・カクサン部」とされ、「企画編集：田村一志　稲垣優輝」と記されている。

それから四年間、なお依然としてカクサン部は正規の機関にはなっていない。だから、このカクサン部の責任者は誰なのか不明である。第二六回党大会で党宣伝局局長になった田村氏が担当しているのだと思うが、明記されているわけではない。前記の「企画編集」の氏名には肩書は付いていない。そういう曖昧なものが、ネットでの共産党のブログで活躍している。普段はルールや形式をきわめて重んじる共産党が、これほどルーズな運営を許しているのは実に不思議である。私は、そこに共産党の可変性を感じる。党のための前向きの努力を、「機関決定ではない」として退け、禁圧するのではなく、活用する許容力を、共産党は保持しているということである。先に、参議院選挙の直後に「休部」してすぐに「再開」した経過にわざわざ触れたが、恐らく当事者はカクサン部出生にまつわる経緯について歴史に残しておく必要性を感じているに違いない。

ここまではカクサン部の肯定面だけを明らかにしてきたが、カクサン部が宣伝している内容についても検討する必要がある。四年前とはいえ、それ以後、類書は出ていないので『日本共産党カクサン部！』を取り上げよう。

本書の「まえがき」には志位和夫委員長の言葉が収められている。志位氏は「アメリカの新聞『ウォール・ストリート・ジャーナル』が……『共産党ほど徹底したネット戦略を繰り広げている政党はどこにもない』と報じました」と紹介して「さらに積極的に活用していきたいと思います」と結んでいる（二頁）。

続いて、八人のキャラクターが絵入りで、雇用問題、憲法、子育て、反原発、節税、反ＴＰＰ、沖縄、について簡単に共産党の主張を語り、この選挙で初当選した吉良よし子、たつみコータロー、倉林明子の各氏にインタビューし、「写真で見る共産党」では街頭での活動を紹介し、「カクサン部長の一問一答」で八つの所要な問題を取り上げ、「２０１３年　夏　参院選での活躍」を明らかにしている。「あとがき」では小池晃副委員長が締めくくっている。

簡単に分かりやすくをモットーに編集されていて言葉づかいもくだけているが、それだけでなく、いくつかの重要な問題があいまいにされ、あるいは欠落している。

例えば、「カクサン部長の一問一答」では、「Ｑ２　なぜ政党助成金をもらわないの？」として、自民党などが政党助成金に頼っている割合をあげて「こんな堕落の仲間入りはお断りです」と答える。この問題を二番目の問いに立てていることには注目すべきであるが、「憲法違反だから」というつもの論拠（本書、一七頁、参照）を上げないのはおかしなことである。なお「Ｑ１」は「『共産党はなんでも反対』ってホント？」で、「抜本的対案を示している」と答えている。

「Ｑ４　共産党は、大企業をどうする？」に、「『共産党は、大企業を敵視してる』というのは、まったくの誤解です。『大企業は、日本社会への責任をちゃんと果たそうよ』って、ごくあたりまえのことを提起してるんです」と答える。ここには「資本家」も「資本主義」も出てこない。「Q5　アメリカとはどうつきあうの？」の答えとして、「軍事同盟はやめて」と書いてあるが、「日米安保条約」とは書かれていない。「日米安保条約は軍事同盟です」となぜ書けないのか。「Q6　自衛隊をなくすつもり？」に、「そんな無茶なことはしません」と答える。「自衛隊は違憲だ」とは言わない。また、天皇は一言も出てこない。

「Q8　共産主義をめざしているんでしょ？」には、「もちろんです。キーワードは『自由な時間』なんです」と答える。ここには「社会主義」も「社会主義・共産主義の社会」も「資本家」も「資本主義」も出てこない。代わりに「〝浪費経済〟」と書いてある。「生産手段の私的所有を廃止して、みんなで活用します」くらいのことをなぜ書けないのか。

このように、いくら分かりやすくを優先したにしても、あまりにも低水準ではないだろうか。

前々節で「入党のよびかけ」を検討し、そこでは自衛隊も日米安保条約も天皇も欠落していると指摘したが、今やこれほどまでに、共産党の理論的水準は低落しているのである。

なお、ネット上での活動としては、他にもニコニコ動画「とことん共産党」も作られている。また、今年二月からはＪＣＰサポーターが新しく創られた。

ＪＣＰサポーターはネット上で、党員ではない人も参加でき、党活動の情報を配信される。どのくらいの規模に広がっているかは発表されていない。ただ、ＪＣＰサポーターの呼びかけは注目に値する。

そこには、「わたしたちには得意なところと不得意なところがあります。みなさんの力で変わることができます。今までにない挑戦をさせてください。共産党をもっと開かれた政党に。わたしたちを使ってください。一緒に歩んでいきましょう」と書いてある。「日本共産党からのステートメント」には、「不得意なこと」として「『ふつうの日常と共産党との間に断崖絶壁がある』という厳しい意見もありました」と反省している。これらは従来の共産党の文書にはない、言葉づかいとなっている。この姿勢が全党のものになり、発展していくことを、私は切実に願う。

「政教分離」ではなく、〈宗国分離〉を

一九七〇年代に日本共産党と公明党が激しく対立し、論争した時の論点の一つが「政教分離」であった。普通にはこの言葉が、政治あるいは政党と宗教団体との分離や違いを意味するものとされているが、正しくは〈宗国分離〉とすべきである。宗教と国家との癒着が問題なのである。宗教団体や政治団体がいかなる関係を結ぼうとも、それはそれぞれの団体（組織）の自由である。ドイツの政権与党は「キリスト教民主同盟」である（昨年刊行した拙著『「創共協定」とは何か』社会評論社、で詳述した）。

創価学会のトップ池田大作氏（今年九〇歳）は「宗教とマルキシズムの共存は文明的課題だ」と、一九七四年に共産党の宮本顕治委員長との対談で語っていた（『人生対談』毎日新聞社、四〇頁）し、宮本は「憲法でも国教分離」と書いていた（『日本共産党と宗教問題』新日本出版社、一九七九年、八一頁）。

第3章　なぜ日本共産党にこだわるのか

第1節　共産党は何を求めてきたのか

改めて、創立いらい九六年の歩みを通して、日本共産党は何を目指して活動してきたのか、について確認しておきたい。

創立いらい九六年の歩みを通して、そこに一貫した太い内実が存在していたがゆえに、共産党は幾多の風雪に耐えて存続し今日に到っている。一九九一年末のソ連邦の崩壊によってイタリアをはじめ各国で共産党は消滅したり衰退したが、日本共産党だけは一定の地歩を維持している。

すぐに気が付く第一の理念は、戦争に反対し平和を希求する方向性である。戦前の治安維持法の下における苦難の闘いについては、詳述は避けるが、第1章で鶴見俊輔から「北斗七星」という印象的な評語を紹介した通りである（本書、二九頁）。それから一世紀を経た今日でも世界では戦争と戦乱が各地で人びとを苦しめている。平和を希求し、平和を創造する営為は今日なお人類の極めて重い課題である。そうであれば、共産党が弾圧と犠牲を跳ね返して貫いている、この戦争に反対し平和を希求する方向性と努力は、色あせることなく、共産党の活動のシンボルとして高く評価することが出来る。『不破哲三との対話』では「共産党は反権力平和志向の党であ」り、「平和運動の党」(一二八頁)であると評価した。

第二は、核兵器廃絶である。第二次大戦での日本の敗北の決定的契機となったのは、一九四五年八月六日の広島、八月九日の長崎への原子爆弾の投下・炸裂であった。広島で一四万人、長崎で七万人以上が亡くなった。現在まで原爆後遺症に苦しむ人たちが数多い。この甚大な被害と悲劇を引き起こした原爆投下は、日本に住む人びとに原爆の恐ろしさを強烈に刻印し、原爆反対・核兵器廃絶の声を広げ、そのための活動を広範囲に展開させることになった。共産党は、この闘いの先頭に立ち、核兵器廃絶の旗を高く掲げた。原水協が一九五五年に創成され、広範な運動が全国で展開された。一九六〇年代前半にソ連邦と中国の核実験の評価をめぐって、共産党が「社会主義国の核実験を容認」したため、原水協内で分裂が生じ、六五年に原水禁が結成された。「反帝国主義・反スターリン主義」を掲げた、新左翼の中核派と革マル派は「米ソ核実験反対」を主張して一定の支持を広げた。

共産党が核兵器廃絶を活動の主要な柱にしてきたことは、八五年に世界二七カ国の共産党などを招待して「核戦争阻止・核兵器廃絶」のための「国際シンポジウム」を開催したことにも明らかである。『前衛』は通常号の二倍以上の六〇〇頁で「特集増大号」を刊行した(だが、『八十年史』では一言も書かれていない）。さらに、昨年七月の核兵器禁止条約を採択した「国連会議」に志位和夫委員長を団長とする代表団が出席した。核兵器禁止条約に背を向ける安倍晋三政権は参加せず、用意されていた机は空席となった。公明党系からはＳＧＩ（創価学会インタナショナル）が参加したが、政党として出席したのは共産党だけであった。共産党はその前の三月の会議にも出席した。志位氏は党創立九五周年講演でこの「国連会議」出席について誇らしげに報告した（「赤旗」二〇一七年七月二二日）。

第三は、日本市民の民主的権理の確立である。共産党は、一九二二年の党創成の時に検討した「日本共産党綱領草案」（弾圧のために採択はされなかった）で「君主制の廃止」をトップに、「労働組合、労働者政党〔などの〕完全な団結の自由」、「労働者の出版物の完全な自由」などを掲げた（『日本共産党綱領問題文献集』三〇頁）。不破哲三氏は九五周年講演で、敗戦直後に「『主権在民』を憲法に明記せよと最初から主張したのは、日本共産党だけでした」と強調した。だが、これは不正確である。一九四六年六月に提起された「日本共産党憲法草案」には「人民に主権をおく民主主義的制度を建設する」（一一七頁）と記されているだけである。だから、『八十年史』でも「主権在民の民主政治をつくる民主主義革命の旗をかかげました」（一一頁）と、引用記号なしに書いている。前記の「君主制の廃止」などは引用文となっている。当時の意識では、「人民」には「市民」は含まれておらず、「主権在民」とはズレていた。「主権在民」の四文字は、六一年の綱領の土台となった宮本顕治の文書（一九六八年刊行の『日本革命の展望』に収録）にも書かれていない。一九九四年の綱領で戦後に関する部分に初めて登場するにすぎない。二〇一四年の大改訂では、戦前に「主権在民……をかちとるためにたたかった」と記述されたが、正確にいえば偽造である。このような小細工に目をつぶれば、共産党は一貫して日本市民の民主的権理の確立のために活動してきたと評価できる。

第四に、目指したというよりは、強調してきたと表現したほうが適切であるが、戦後、共産党は一貫して「対米従属」を主張してきた。この問題は、後述の「二つの敵」論とも一体である。宮本は、一九五八年に党内討論誌『団結と前進』に「アメリカ帝国主義の侵略性にたいする過小評価はどこへみちびくか——綱領討論の若干の問題点について」で「対米従属性」(『日本革命の展望』三七七頁)を強調した。共産党は、一九六四年に「ケネディとアメリカ帝国主義」を、七一年に「ニクソンとアメリカ帝国主義」を発表して、アメリカ帝国主義への批判を強調した(『日本共産党のアメリカ帝国主義論』に収録)。それらは、海を越えてベトナム戦争の時に、翻訳されベトナムの兵士のなかでも活用された。世界に誇るべき貢献である。だが、「日米地位協定」に注意が向けられなかったのは弱点であった。綱領には「日米地位協定」は書かれていない。

以上の四点が、共産党が一貫して追求している方向と強調点である。

なおここで、共産党の組織の特質についても触れておく。他の政党の場合には自民党に典型的なように党内にいくつかの派閥が競合しているが、共産党には派閥は存在しない。前衛政党の場合には「分派」と呼ばれることが一般的であるが、分派は「民主集中制」によって許されていない。組織としての統制が強く働いていると言えるが、その反面で党員の個性が抑えられ、活力を抑制することにもなっている。

第2節　共産党は何と対決してきたのか

政党が長く存続する歩みにおいて、ライバル、あるいは対決するものの存在は大きな意味を持つ。今年九六周年を迎える日本共産党は長期にわたって何と対決してきたのだろうか？　先日、「赤旗」に二面見開きの「赤旗」創刊九〇年を記念する記事が掲載された。「真実伝え共同を追求、不屈のジャーナリズム精神ここに」と度でかい見出しに加え、「歴史が決着をつけた三つのたたかいと『赤旗』」と大きな見出しが付いている。その冒頭に「昨年一月に開いた二七回党大会の決議は『歴史が決着をつけた三つのたたかいがある』として、①戦前の天皇制の専制政治・暗黒政治とのたたかい、②戦後の旧ソ連などによる覇権主義とのたたかい、③『日本共産党を除く』という『オール与党体制』とのたたかい――をあげました」（「赤旗」一月三一日）と確認している。

全一面を使ってこの三点を説明し、もう一面では「『赤旗』のいま　どこまで来ているのか」の大見出しで、「一般メディアも注目の存在感」「9条改憲・新基地・核兵器…真実に迫る」「市民と野党の共闘の前進に大きな役割」の見出しで「赤旗」を紹介している。

一読して不思議だと気づくが、全二面の記事のなかに、一言も「綱領」が引用されていない。まるで、共産党には綱領など存在しないかのようである。別節で党史『日本共産党の九十年』を書けない理由として、現在の活動と綱領との乖離を明らかにした（本書、八六頁）が、そのことを示している。

さらに、「赤旗」の発行部数が書かれていない。第1章の始めに触れたようにきわめて大きく後退しているからに違いない。「労働組合」や「労働運動」が一言も出てこないのも特徴的である。「歴史が決着をつけた三つのたたかい」について、その意味をさらに深く考える必要がある。戦前については一九二五年に制定された治安維持法による弾圧、非合法下の苦難の歩みについては、他の宗教者（創価学会の牧口常三郎、大本教の出口王仁三郎ら）などの苦闘についても視野を広げる必要はあるが、率直に優れた歴史として共通認識にしなくてはならない。

「戦後の旧ソ連などによる覇権主義とのたたかい」について。この点は、昨年二〇一七年七月に行った不破哲三氏の記念講演「日本共産党の95年の歴史を語る」でも強調されていた。不破氏がきわめて強調するように、国家権力を掌握しているソ連邦共産党と中国共産党による激烈な干渉と別党作りの策謀に抗して「自主独立」の道を貫くこの闘いは、「歴史的な勝利」と誇称できるかもしれない。不破氏は、ソ連邦共産党の干渉を「全党にとっては不意打ちだった」と強調している。

しかし、考えなくてはいけない問題はその奥にこそある。なぜ、日本共産党だけがソ連邦共産党と中国共産党からこれほどの干渉を受け、かつそのことが党内に巨大な影響をもたらしたのであろうか？　裏から見れば、ソ連邦共産党や中国共産党と深く強い関係が存在したがゆえにこのような事態が起きたのである。戦前や敗戦直後に難を逃れて中国に渡っていた少なくない党員がその後に、帰国して戦列に復帰した。また、一九九二年に名誉議長で一〇〇歳の野坂参三がソ連邦共産党と内通していたことが発覚して除名された。このように関係が深く、受け皿が党内に存在していたから、

「干渉」されたのであり、「ソ連派」や「中国派」が党内から生まれたのである。関係が浅いなら、「干渉」もしないだろうし、「干渉、どこ吹く風」として対処できたはずである。ローマ教皇の発言は、日本のキリスト者には強い影響を与えるだろうが、共産党員は知らん顔で済ます。

思い起こすと、そもそも日本共産党は一九二二年に「コミンテルン日本支部」として創設された。だから一九五七年の「党章（草案）」でも「十月社会主義大革命」とか「中国革命の偉大な勝利」と書いていた。ロシアと書かなくてもよいほどに「十月社会主義大革命」は高く評価され、六一年綱領の第一行目に記された。その後、九四年綱領では「ロシア十月社会主義革命」と国名を加えて微修正し、二〇〇四年綱領では「ロシア革命と中国革命にたいする日本帝国主義の干渉戦争」としてだけ触れるように格落ちした扱いとなった。この大きな変化は別の問題であるが、この変化の前は、既述のようにロシア革命と中国革命とはきわめて高く好意的に評価されていた。その奥底には「マルクス・レーニン主義」が存在していた。当時は、このイデオロギーが共通のベースだと考えられていた。後述のように、「マルクス・レーニン主義」は「科学的社会主義」と言い換えられることになった（本書、九六頁）が、別言すれば「マルクス主義」なるものに日本共産党はきわめて強く呪縛されていたのであり、現にその枠内で苦しんでいる。私は、繰り返しこの点について指摘してきた。『不破哲三との対話』では「日本共産党は、この〈マルクス・レーニン主義の世界からの脱却〉という大きな課題を初めから背負わされていた」（一三三頁）と指摘し、『不破哲三と日本共産党』では「不破氏は、『マルクス・レーニン主義』と対決してきた」（一六九頁）と書いた。

したがって、「覇権主義と対決してきた」と総括するのではなく、「覇権主義」と〝共存〟し、それを基礎づけてきた「マルクス主義」を根本から見直し、検討することこそが求められている。そこにまで踏み込むことが出来ないところに、不破氏と共産党の根本的弱点が存在するのである。

なお、不破氏の講演や「赤旗」九〇年の記事にはもう一つ大きな欠落がある。不破氏は社会党についでは、中国共産党からの干渉に関連してわずかに触れているが、新左翼には触れない。だが、「ニセ『左翼』暴力集団」（本書、九八頁）などというどぎつい言葉を乱発していたように、新左翼との党派闘争は、一九六〇年代にはとくに学生運動においてはきわめて大きな位置を占めていた。この点では、「スターリン主義批判」を強調した新左翼が今日では見る影もなく衰退している事実に照らしても、まさに「決着をつけた」と言える。だから、一言でも言及したほうが歴史に正直であるが、恐らく、「スターリン主義問題」で遅れを取ったトラウマを抱える不破氏は、その裏返しとして触れたくないのであろう。

また、この講演で不破氏は『スターリン秘史』でも使っていなかったのに、初めて「スターリン主義」と発言した。「ソ連とそれを支配したスターリン主義の『巨悪』の実態」として。

三つ目の「『日本共産党を除く』という『オール与党体制』とのたたかい」については、「赤旗」九〇周年記事では一九八〇年に成立した社会党と公明党との政権合意＝「社公合意」を出発点として、共産党は国会内で枠外の存在として不当な扱いを受けてきたこと、この動向への反撃として八一年に全国革新懇を結成したこと、そこから一足飛びに二〇一四年の総選挙での「オール沖縄」

四候補の勝利、が説明されている（この記事でも不破氏の講演でも触れられていないが、八六年に「非核の政府を求める会」が結成された）。

この説明と同じことを、不破氏は九五周年講演で話しているが、彼は、「『オール与党体制』とのたたかい」とは言わずに、「『共産党を除く』という〝壁〟とのたたかい」と表現する。実は、「『オール与党体制』とのたたかい」は、前記のように第二七回党大会で確認済みなので、不破氏はそれを無視して自分の言葉で話したことになるが、このほうが正確である。とはいえ、その内実については大いに問題がある。

不破氏も先の三点を指摘しているが、さらに全国革新懇について「無党派の勢力と共産党との共闘」は「〝共産党と社会民主主義政党との共闘〟……という古い図式を乗り越えたものでした」と回想して意義づけ、「そこには……今日の『市民と野党との共闘』を予感させるものがあった」とまで話した。

だが、この回想と説明には問題がある。不破氏は、「無党派の勢力と共産党との共闘」と「市民と野党との共闘」を同じようなものと類推しているが、前者では共産党以外の野党が表現できないし、どこかの政党に所属したり支持する市民は外されてしまう。「市民と野党の共闘」の真意は、社会の変革と革命の主体が「市民」であり、その市民と現在は政権に就いていない複数の野党が共闘するところに意味がある。不破氏のように、「無党派の勢力と共産党との共闘」を想起してそこに意味があるかのように考えるのは、共産党を主軸にすることになり本筋から逸脱することになる。

さらに、不破氏はこの「『共産党を除く』という〝壁〟とのたたかい」を「世界的にも異常」とか「苦節三四年」とまで強調する。しかし、そうなると、この三四年間に起きた日本政治での重大な出来事はみな霞んでしまう。事実、この講演では、一九九一年の湾岸戦争も、一九九三年の細川護熙政権の成立も、二〇〇九年の鳩山由紀夫政権の成立も、二〇一一年の3・11東日本原発震災も視野の外である。党外の重要事実だけでなく、自らが五年前の党創立九〇周年講演で話した「第三次の躍進（九六、九八年）」（志位氏では「第二の躍進」）も消し飛んでしまう。「苦節三四年」などと特徴づけるからである。

つまり、八〇年代以降の歩みを「オール与党体制」とか「共産党を除く」という点にだけ焦点を当てて把握・強調することは、この時代の日本の労働者や市民の闘いの経験を正視し、そこから教訓を得ることを妨げることにしかならない。逆に言えば、この時代の日本の労働者や市民の主要な闘いと共産党の主要な活動はズレていたのである。例えば、一九八六年、八七年に中曽根康弘政権が行った国鉄分割民営化、二〇〇五年に小泉純一郎政権が強行した郵政民営化は、大きな国民的争点となり、共産党はもちろん反対する闘いに参加したが、なぜ、党の歩みを語る時に一言も触れないで済ますことができるのであろうか。

戦後の日本政治の経過を全体的に総括することは、別の大きな課題であり、非力な私には素描することも難儀であるが、本来的にいえば、そのなかで共産党がどのように活動してきたのかを明らかにすることが求められている。

第３節　私の立場と共産党との関係

次に、共産党を〈正視する〉私の基本的立場と共産党との関係について明らかにする。何度も書いているが、私が共産党に注目するようになったのは、今から四〇年前一九七八年である。一〇年余も所属した新左翼の中核派を七四年頃に辞めた私は、七五年にトロツキズムを掲げる第四インターに加盟した。七八年にその機関紙「世界革命」の編集部に配属され、共産党を担当することになり、長く副委員長を務めた上田耕一郎の『先進国革命の理論』（大月書店）を一読し、共産党は「敵」ではなく味方だと認識を改め、〈共産党との対話〉〈内在的批判〉を主張した。この呼びかけは共産党員からの応答を引き出し、私はこの提起に確信を得た（この経過は、後記の拙著☆参照）。

私は八三年に、左翼的市民が良く読んでいた『朝日ジャーナル』に「不破委員長と上田副委員長の奇妙な自己批判の意味」を掲載した（七月二九日）。他誌でも話題となり、それらに対して「赤旗」は「日本共産党への『新手』の中傷かく乱にたいして」と題するほとんど一頁を使った批判を加えた（九月二五日）。『朝日ジャーナル』には八四年にも村岡論文が掲載され、この時期には「赤旗」は「奇妙な邪推のら列」とか「憶測と作為による反共駄文」とか「村岡の反共主義の再確認」など大きな見出しで五度も私を取り上げた（『岐路に立つ日本共産党』の最終頁、参照）。以後、「赤旗」はなぜかまったく取り上げなくなった。

だが、八六年に刊行された『前衛臨時増刊　政治経済総覧』（一九八六年版）の「Ⅰ　日本の政治10反共組織・暴力集団」の「③反党対外盲従集団・ニセ『左翼』暴力集団」なる恐ろしい項目の中に、八〇年に私たちが創った「政治グループ稲妻（村岡一派）」も取り上げられた。恐らく、そこで上げられた一〇の「ニセ『左翼』暴力集団」のなかではもっとも小さな組織だと思うが、取り上げるに足るものとして認知されていた。「巧妙な」と形容された上で「反共主義の方向」と否定されていた（八二年版では、図表のなかで「政治グループ稲妻」の名称だけが記載）。

その後、一九九五年には、『週刊金曜日』に「開かれた党組織論を」（三月一〇日）、九八年に「日本共産党の『安保凍結』論への疑問」（一〇月三〇日）が掲載された（ともに『不破哲三との対話』に収録）。これらは無視された。

それでもかすかな接点が生じることがあった。

一九八四年五月に開かれた赤旗まつりで宮本顕治議長が、『週刊朝日』の記者からの質問に答えて「『あれはトロ（トロツキスト）あがりの観察だよ』と笑い飛ばした」（『週刊朝日』五月一八日号）。「あれ」とは前述の私の『朝日ジャーナル』論文である。他にも副委員長の上田耕一郎（二〇〇八年に没）や常任幹部会委員だった吉岡吉典（二〇〇九年に没）とのかすかな接点も生じた（それらについては、別掲の付節「共産党幹部とのわずかな接点」参照）。

このように、私は非難され、無視されてきたが、七八年に打ち出した〈共産党との対話〉〈内在的批判〉の立場を一貫して貫いてきた。刑罰が加えられわけではないが、「忖度」が染みついた風土のなかでは、共産党中央からいわば狙われていることは、共産党の周辺の人たちを私から敬遠させる作用を大きく果たした。共産党系の人が私に近づくことにはある種の勇気を必要とすることになってしまった。私と話した後に「名前は出さないでね」と念を押す党員も何人もいる。お名前を公表したら影響が広がるのに、といつも思うが、信義を破るわけにはいかない。「反共風土」にも通じる、この硬直性を打破することも大きな課題である。私は『不破哲三との対話』で「やがて共産党の頑なな態度も変化するであろう。世間に通用する位置を得たうえで真剣に〈対話〉を求める者をセクト主義的に排斥することがいつまでも可能であるはずはない」（二四〇頁）と書いた。それから一四年余も時を重ねたが、なお道遠しであることは誠に残念である。

なお、直接の影響か否かは確認のしようはないが、共産党が「生存の自由」を止めて「生存権」を使うようになり、不破哲三氏が『資本論』フランス語版の「協議した計画」に言及するようになり、志位和夫氏が「多様性」（第二七回党大会報告）と言うようになり、「階級」と「階級闘争」を捨てて、「市民と野党の共闘」と書くようになったのは、いずれも私の指摘の後であった。

ここで私がこの四〇年間に刊行してきた共産党を主題とする著作を列記しておく。

一九八〇年　『スターリン主義批判の現段階』稲妻社　☆
一九八二年　『日本共産党との対話』稲妻社　☆
一九八四年　『岐路に立つ日本共産党』稲妻社

一九八六年　『変化の中の日本共産党』稲妻社　☆
二〇〇三年　『不破哲三との対話――日本共産党はどこへ行く？』社会評論社
二〇一五年　『日本共産党をどう理解したら良いか』ロゴス
二〇一五年　『不破哲三と日本共産党』ロゴス
二〇一七年　『「創共協定」とは何だったのか』社会評論社

二〇〇三年から一五年までのブランクは、その期間の私の理論的問題意識が〈社会主義像〉の探究に重点移動していたからである。共産党を主題にした著作は出していないが、論評は続けていた。

付節　共産党幹部とのわずかな接点

非転向・獄中一二年を誇り、敗戦直後から長くトップの座にあって日本共産党を指導してきた宮本顕治は、私にとっては世代的にも大きくズレているし、演説を聞いたことさえないが、たった一度だけ「接点」が生じた。一九八四年五月に開かれた赤旗まつりでの出来事。『週刊朝日』の記事に名指しではないが、私が「登場」する。二面見開きで四分の三が宮本議長の写真。見出しには「『委員長との不仲説は、トロの観察だよ』」とある（五月一八日号）。カギカッコの文句は宮本議長の発言で、「トロ」とはマグロではない。短い記事は、宮本議長は「『あれはトロ〈トロツキスト〉あがりの観察だよ』と笑い飛ばした」と結んでいる。発言には「村岡」の名前はないが、トロツキスト関係者で問題の不破「委員長との不仲説」に関して発言しているのは私だけであり、宮本は私の論文に目を通したのであろう。そのうえで「トロあがりの観察」と評したのである。記者は「あがり」の三文字の意味が理解できず、見出しではスペースは十分あるのに省略しているが、この一句によって、宮本議長は村岡を「トロツキストあがり」と認識していたことが分かる。だが、その意味を理解できた人はどこにもいなかった。「邪推」「憶測」とでも言えただろうが、「観察」と表現したことにも何かの意味があったのだろう。私はうれしいとまでは思わなかったが、悪い気はしなかった。かすかに通じるものを感じたからである。

宮本議長は二〇〇七年七月に没したが、私は追悼文「自主独立の優位と組織論の限界」を『もうひとつの世界へ』第一〇号＝八月に発表した。

副委員長の上田耕一郎とはほんの少し接点があった。新日本出版社に勤務していた有田芳生氏によると上田さんは、ある時、彼の著作の裏表紙に「過度期」と誤植があった際に、同社の社内で「こんな誤植をしているから、村岡に咎められるのだ」と叱責したという。「過渡期」という用語は、トロツキストなら「社会主義への過渡期」とか、トロツキーの『過渡的綱領』で慣れているが、共産党世界では慣れないから誤植したのだ。梅本克己の主著は『過渡期の意識』だった。私は、上田さんには「稲妻」や私の本を送付していた。

一九九九年に社会党の高沢寅男さんを偲ぶ会で同席したので、歩み寄って「いつかお会いできませんか」と声を掛けたら、「いやあ、まだ」というような曖昧な返事が返ってきた。

二〇〇六年秋に糸数慶子氏が沖縄県知事選挙に立候補したさいに、共産党にも何としても糸数支持を表明してほしかったので、上田宅に初めて電話した。電話に出た夫人が、「村岡です」と伝えたら、すぐに「いつも本を送っていただく村岡さんですね」と応じて、「主人は今、入院中ですが、お話は伝えます」と話を聞いてくれた。時に、二人で私のことを話題にすることがあったのかとうれしかった。この年に年賀状をいただいていた。車椅子のお嬢さんも描かれ、「実にエネルギッシュな活動ぶりですね」と一筆してあった。二月には共産党の役員退任の挨拶が届いた。

上田さんは、二〇〇八年一〇月に没したが、私はすぐに追悼文「ぜひ対話したかった社会主義者」を『もうひとつの世界へ』第一八号＝一二月に発表した。

上田耕一郎さんからの年賀状。
2006年（戌年）

二〇〇七年に元・常任幹部会委員の吉岡吉典さんに出会った。きっかけは、沖縄に関係する集会に出かけた時に、その二次会の飲み屋で隣に座った人が、吉岡さんが国会議員時代に長く秘書をしていた人で、「私はあなたの『不破哲三との対話』を読んだことがある」と言うので、驚いて話しているうちに、吉岡さんに「村岡の本を読んでいる」と言ったら、「私も村岡のことを知っている。路上で話したことがある」と答えた、ということが分かった。「話したことがある」というのは、実は九〇年代に、文京区民センターの近くの講道館の向かい側の路上で、私が吉岡さんに話しかけ、持っていた「稲妻」や本を差し上げたことがあった。このことを私が憶えているのは当然だが、吉岡さんが記憶していたと知って、私はうれしくなり、手紙を差し上げた。そうしたら、池袋駅前の喫茶店「服部」で、ということになり、お話しした。現役を退いたあとだったので、ざっくばらんな話だった。良い人に出会えたととても心が弾んだ。

その後、もう一度だけ、今度は彼の家の近くの喫茶店まで出向いてお話しした。その時の話で印象的だったのは、世間では上田耕一郎や不破哲三のほうが柔軟だと思われているが、実は宮本顕治のほうが先端を切っていて、この二人も宮本さんの枠内で書いていた、ということを教えられたことである。そう言われればそうだとすぐに納得できる。もう一つ、いつかは不明だが、ある時、上田さんが「村岡を引き入れてもよいか」と、聞いてきたことがあり、「反共分子ではないのなら良い」と答えたことがあったという。この話はそれっきりになったという。吉岡さんがありもしないことを話すはずはないし、私はこんな話を捏造する趣味は持っていないから、事実だったのだろうが、惜しいことだ。

気取ることなく年来の知り合いのように語る吉岡さんに、私は大きな期待に胸をふくらました。だが、二〇〇九年三月一日、吉岡さんは韓国ソウルで「三・一独立運動」のシンポジウムで講演直後に倒れ、帰らぬ人となった！「赤旗」で知った時、深く落胆した。

私は追悼文「私を憶えていてくれた吉岡吉典さん」を書いて、『プランB』第二〇号＝四月に掲載した。

もう一つ、後日談がある。夏になって、前記の元秘書から、吉岡追悼集会を開くので、呼びかけ人になってほしいと頼まれた。私は大喜びでOKして、これは大きな突破口になると期待した。発起人代表梅田欽治の名で、一〇月九日に会議を開くと案内状が届いた。ところが、行くつもりでいた二日前に、元秘書から電話で「出席しないでくれ」と伝えられた。「村岡は外したほうがよい」と注意する人がいたらしい。私は会議に乗り込んで騒ぐ気はなかったので、「残念ですね」と答えた。「吉岡吉典さんをしのぶ会」は、一二月五日、大雨の日に神田の学士会館で盛大に開かれ、私も参加は拒否しないというので、出席した。会場で、市田忠義書記局長に「村岡です」と声をかけ、『プランB』を渡したら、「存じ上げています」と丁寧に答えた。彼が「存じ上げてい」るということは、書記局の会議で私のことが問題になったということであろう。吉岡さんの遺影の前で夫人とツーショットを撮った。呼びかけ人からは排除されたが、年末に刊行された小冊子『惜別　吉岡吉典さんをしのぶ』には私のごく短い追悼の言葉が「『プランB』編集長」の肩書で収録された。何と、三六〇人余が追悼の言葉を寄せている。如何に広く人望があったかを示している。トップの幹部では金子満広の名はあったが、不破哲三と志位和夫の名はない。

その後、吉岡さんの自宅近くで蔵書を保管した「きってん本の家」での研究会に二度ほど参加した。彼の蔵書のなかに、私が編集した『原典　社会主義経済計算論争』があった。二〇一二年三月三日には東村山市駅近くのホールで没後三周年記念の講演会があり、九〇人が参加。金子満広さんなどに挨拶した。

余り褒められた話ではないが、共産党のトップに関連するので、書き留めておこう。

二〇〇六年秋、沖縄県知事選挙に参議院議員の糸数慶子が辞職して立候補することになり、立食の激励パーティーが開かれた。長野県知事だった田中康夫も来ていた。私も出席したが、そこに共産党からは志位和夫委員長、国会議員の穀田恵二と吉井英勝らも出席。挨拶を終わった志位に名刺と『もうひとつの世界へ』を差し出して声を掛けた。しかし、彼は、ポケットから名刺を出したが、私が「村岡到です」と言ったら、名刺をポケットに戻し、受け取った雑誌を秘書？に渡した。穀田や吉井は、私が渡した雑誌をポケットに突っ込んで雑談を交わした。吉井は、京都大学時代には共産党員ではなかったと教えてくれた。「学生時代に第四インターも知っていました」ということだった。彼らは村岡到が何者かまったく知らないので気安く対応したのであろう。

もう一つの出会いも紹介しておこう。二〇一一年一一月六日に明治大学リバティタワーで、社会主義理論学会主催の「ソ連邦崩壊二〇年シンポジウム」が開催された。このとき、私も報告者の一人だった分科会の会場で、聴濤弘さんが私に挨拶して声をかけてきた。お名前だけは知っていたのでビックリした。共産党の元常任幹部会委員で参議院議員も勤めた方で、モスクワのルムンバ友好大学に留学したこともある、ロシア研究家でもある。ルムンバ友好大学で同僚だった田中雄三さん（元・龍谷大学教授）がいつか彼の病床を見舞うときに、私の本を紹介したと話したことがあった。

一三年の社会主義理論学会の討論集会で報告者になっていただいた。

幹部だけに目が向いている訳ではない。自宅に「赤旗」日刊紙を配達してくれる高齢の党員とは集金のたびに良く話をする懇意の仲である。ついでながら、第四インターの時代から、私は各種選挙では常に共産党の候補に投票している。

〈参考文献〉

久野収・鶴見俊輔『現代日本の思想』岩波新書、一九五六年
上田耕一郎『先進国革命の理論』大月書店、一九七三年
『前衛臨時増刊　政治経済総覧』(一九八六年版)、日本共産党出版局、一九八六年
不破哲三『レーニンと「資本論」』全7巻、新日本出版社、一九九八~二〇〇一年
日本共産党『日本共産党綱領問題文献集』日本共産党出版局、一九七〇年
宮本顕治『日本革命の展望』新日本出版社、一九六八年
日本共産党『日本共産党のアメリカ帝国主義論』新日本出版社、一九七五年
社会科学辞典編集委員会『社会科学総合辞典』新日本出版社、一九九二年
日本共産党『民主連合政府綱領』日本共産党出版局、一九七五年
日本共産党『議会と自治体』二〇〇五年四月号、日本共産党出版局
不破哲三『党綱領の理論的突破点について』日本共産党出版局、二〇〇五年
不破哲三『不破哲三　時代の証言』中央公論新社、二〇一一年
不破哲三『新・日本共産党綱領を読む』新日本出版社、二〇〇四年

不破哲三『マルクスと友達になろう』日本民主青年同盟、二〇一五年
マルクス『経済学批判』岩波文庫、一九五六年
なお、共産党の党史は、本書、八六頁に記載。各党大会の報告は大会直後の『前衛』に収録されている。本文ではその頁数だけ記載。

前著作の誤りの訂正

拙著『日本共産党をどう理解したら良いか』で、六〇年安保闘争の時に共産党が安保阻止国民会議にオブザーバー参加であったことに関して、「『日本共産党の八十年』ではこの事実は消し去られている」（一三頁）と書いたが、誤認であったので、この記述を削除する。

拙著『「創共協定」とは何だったのか』で、「公明党の志村栄一文芸部長」（八頁）と書いたが、「創価学会の」の誤りであり、訂正する（松本清張『作家の手帖』文芸春秋社、二九四頁）。

新左翼とは何か？

一九六〇年に国民的規模で展開された、日米安保条約の改訂に反対する安保闘争において全学連が全国の大学でその先頭で闘いマスコミでも大きく取り上げられた。この全学連を主導したのが、日本共産党と対立する共産主義者同盟＝ブントだった。当時の左翼の主流は社会党と共産党であり、それらとの区別を強調するために「新左翼」と呼称されるようになった。

その前に一九五六年一〇月にハンガリー事件——ソ連邦や東欧諸国の軍隊がハンガリーに軍事介入——が起きていて、その二月のソ連邦共産党第二〇回党大会での「スターリン批判」と重ねて、「スターリン主義批判」が意識されるようになり、日本でもトロツキズムの流れを汲む革命的共産主義者同盟（革共同）が活動し始めた。革共同は後に第四インター、中核派、革マル派と三つに分裂するが、安保闘争敗北後にブントが分裂・衰退するなかで中核派や革マル派が台頭し、六〇年代後半に社青同解放派なども加えて、ベトナム戦争に反対する活動などが全国の大学で勢いを増した。六七年の佐藤栄作首相のアメリカ訪問に反対する羽田闘争や六九年一月の東大闘争がそのピークとなった。街頭デモでヘルメットや角材で機動隊と衝突するスタイルが流行り、最盛時には数十万の集会を開催した。

理論的にはレーニン主義への回帰が特徴で「暴力革命」を主張し、共産党の議会重視と鋭く対立した。七〇年代に、党派間の対立は暴力的抗争＝内ゲバにエスカレートし（第四インターは内ゲバに反対）、社会から孤立し、やがて全体として衰退した。

第4章　日本共産党の党勢の実態

本章では、共産党の「党勢」の実態がどのようなものかを明らかにしよう。「党勢」とは党員数や党の機関紙の読者数を示す共産党独特の言葉であるが、先日の国会でも自民党の大臣が選挙違反を問われた時に答弁で使っていた。

第1節　政党の存続の困難性

だが、その前に政党の存続について知っておくほうが良いことがある。

日本では戦後、国会議員を有する政党が数十も生まれては消滅していった。現在、数十年にわたって存続しているのは、自民党と公明党と日本共産党の三つだけである。革新運動の主流を担っていた社会党は一九九六年に解体した。もちろん、長く続くことだけが良いというわけではないが、政党の存続がきわめて困難であることは事実である。

政党の存続にはどのような条件が必要なのであろうか。

まず第一に、その政党が何を求めているのかが明確である必要がある。理念ともいえる。政権与党ではない場合には特に重要である。そしてその理念・目標が、短期的に実現するものではなく、長期にわたって持続可能でなくてはならない。目先の党利党略で離合集散するようでは、長期に存続できないことは前記した幾多の政党の消滅によって明白である。

第二に、その政党のライバル、あるいは「敵対」する勢力が存在することが不可欠とまでは言えないが、大きな意味を持つ。政党には、競い合うという側面が濃厚だからである。スポーツでも芸術でも高い実績を残した人は、ライバルの存在を語っている。競い合いは、人間の本性とも言えるが、そこでは公正と友愛が試される。個人のレベルの話ではあるが、宮本顕治の後継者不破哲三氏がレーニンについて書いていることなので、引用しておこう。不破氏は「プレハーノフという人物が、レーニンの理論活動で果たした役割は大きいんです。……論敵がいたことが大きなバネになっている」（『レーニンと「資本論」』②、四一一頁）と書いた（『不破哲三との対話』五一一頁から）。

政党のレベルでも、例えば、共産党が一九七三年一一月の第一二回党大会で「民主連合政府綱領」を発表したが、その二カ月前に公明党が第一一回党大会で「中道革新連合政権の提言」を発表していた（そこでは日米安保条約の「即時廃棄」が主張されていた）。つづいて七四年に宮本顕治が記者会見で「憲法五原則」を発表したが、これは公明党の「提言」で打ち出された「憲法三原理」に対抗するものだった。その後、両党の間で変則的な論争が展開された。

もう一つ、スターリン主義批判や革命の形態をめぐる、新左翼との抗争もあった。

第三に、組織を作ること、あるいは組織に結集することが大切で重要であるという意識が不可欠である。社会を認識し、変革にむけて実践するためには組織（個人ではなく、集団的協力）が不可欠である。社会のきずなが薄れ、個人主義が広がる風潮は、政党の組織化に大きくマイナスの影響をもたらす。ここにも現代社会の難儀な問題がある。そこで〈友愛〉が大切な意味を持つ。

第四に、カリスマ性を備えるかどうかは別として、多くの党員を指導する能力のある指導者の存在である。その能力には、理論的能力の保持が含まれる。自らが理論を作り出さなくても周囲にそのスタッフを抱えておけばよい場合もある。

第2節　共産党の党勢の実態

これだけを頭に入れて、共産党の党勢の実態に進もう。第一の理念については第3章第1節で、第二の何と対決してきたのかについては同章第2節で明らかにした。

昨年二〇一七年一月に開かれた第二七回党大会では、「党勢の現状は、党員が約三〇万人、『しんぶん赤旗』読者が日刊紙、日曜版をあわせて約一一三万人となっている」と明らかにされた。党員については、「第二六回党大会後の三年間では、二万三〇〇〇人の新しい党員を迎えた」という。ただこれだけである。これまでの党大会では、日刊紙と日曜版の実数が示され、その前の大会時との比率も書かれていたが、それがなくなった。新入党員の数だけでは増減は分からない。「開会あいさつ」の冒頭で志位和夫委員長は「三年間に一万三一三二人の同志が亡くなりました」と報告した。それ以外にも離党した人もいる。党費の納入率や文書の読了率も書かなくなった。統計は記録されているはずであるが、公開しなくなった。よほど悪い数値だと推察できる。数字については後で触れるが、この大会から二〇日後に、幹部会の「訴え」が出され、突然にも「三十数年来の党建設の後退傾向」(二月八日)と明らかにした。これまでは後述のように「第三の躍進」と言っていた！これほど重要なことが、党大会では一切ふれられないで、幹部会の「訴え」として公表されることが大きな疑問である。そして、この重大な認識が一二月初めの第三回中央委員会総会でも確認されていない(一〇月初めの二中総は選挙向けの決起集会)。

共産党は律儀なことに、毎月初めに前月の「党勢」を「赤旗」に公表していた。ところが、一一月の党勢は発表しなかった。余ほどの落ち込みだったと推察できる。一二月の三中総でも発表されない。ただ、次の数字が語られた。「党員で一万一〇〇〇人、日刊紙読者で一万三〇〇〇人、日曜版読者で六万三〇〇〇人」。この三つの数字は、「来年七月末までに、前回(二〇一六年)参院選時を回復・突破する」目標である。これだけでは現在の絶対数がどうなっているのかは不明であるが、逆にいうと、二〇一六年七月から現在までで「赤旗」読者は七万六〇〇〇人減ったのである。現在は何人なのかをなぜ明示しないのか、なぜ「参院選時」とだけしか書かないのか。

このように前記の目標にむかって昨年一二月から今年七月末まで拡大運動に取り組んでいるが、一二月の結果も公表されず、志位氏は新年旗びらきで「日刊紙読者を増勢に転ずることができました」(「赤旗」一月五日)と語り、拍手された。しかし、「日刊紙読者」に限定されているから日曜版は減ったということである。年が明けた一月は「日刊紙五三六人減、日曜版三二四七人減と後退する結果」（「赤旗」二月三日）と発表され、二月は「日刊紙三一〇人減、日曜版一一〇六人減」（「赤旗」三月四日）となり、三月は「日刊紙が一一六六人、日曜版が七九一五人」減った。だから「日刊紙が三カ月、日曜版が六カ月連続後退する重大な結果となりました」と書かれている（四月三日の中央委員会書記局の記事）。しかもこれらの記事では、拡大目標の数字は明記されなくなった。そして、第１章で明らかにしたように、党勢は引きつづき後退している。

「赤旗」読者のピークは、一九八〇年の第一五回党大会では三五五万人と発表されていた。党員は八七年の第一八回党大会では四九万人。だが、共産党はこの数字を明らかにすることはない。『日本共産党の八十年』には「『赤旗』の読者数も八〇年をピークに漸減傾向をたどりました」（二五〇頁）と絶対数は伏せて書いてある。その二一一頁前には「七〇年の第一一回党大会当時二八万人だった党員は、七九年末には四〇万人をこえました。同じく一七七万人だった読者は三〇九万人に達しました」となっている（三〇九万人→三五五万人は不自然？）。この二つの数値の経年的掌握は共産党の担当者に任せることにして、大きな流れを掴むことにする。共産党自身が「第三の躍進」などの表現で示すことがある。

『八十年史』（以下、このように記載）には「九〇年代なかばから、新たな躍進の時期をむかえました」（二六八頁）と書いてある。九六年の総選挙と九八年の参議院選挙で大きく当選者を増やしたからである。議席や得票数については、本書巻末別掲のグラフなどを参照してもらうことにしたいが、この時期に共産党が党勢を拡大したことは事実である。ソ連邦が崩壊し、細川護熙連立政権が破産し、社会党が解体した時代である。だが、二〇〇一年の参議院選挙では比例区得票は前回の八二〇万票（『八十年史』二九七頁）から四三三万票に半減し、当選者も八から五に減らした。

志位氏は二〇一三年の党創立九一周年集会で、「〝第三の躍進〟を本格的な流れに」（「赤旗」八月一一日）と檄を飛ばした。その場合、「第一の躍進」は一九七二年の総選挙、「第二の躍進」は九八年の参議院選挙と説明した。一年前には同じ会場で、不破哲三氏が党創立九〇周年講演で、「第一次の躍進」を「四九年総選挙」とし、「第三次の躍進（九六、九八年）」と話していたから、志位氏はこの不破説を否定したことになる（『不破哲三と日本共産党』一七三頁）。年齢が二四歳も異なる体験上の違いであろう。そこに両人の〈世代間ギャップ〉が示されている。志位氏は今年六月の四中総の「あいさつ」では、「党綱領路線確定後の『第一の躍進』」と限定した（「赤旗」二〇一八年六月一二日。傍点：村岡）。私の注意が効いたのかもしれない。そんなことよりも現状は「第三の躍進」どころか、前記のように「三十数年来の党建設の後退傾向」に陥っているのである。

なお「赤旗」は二〇一一年の3・11直後七月の三中総（第二五回党大会）で突如「赤旗日刊紙の危機は猶予できない。毎月七億円の売上げに対して二億円の赤字」と報告し、月額二九〇〇円を三四〇〇円に値上げすると決定した。この時点では、「赤旗」は日刊紙と日曜版を合わせて一四〇万部と報告された。

二〇一二年五月に二五年ぶりに開いた全国活動者会議で、志位委員長は、党員が「約三一万八〇〇〇人に減少した」と明らかにした。党費未納など「実態のない党員」を整理して離党の措置を取った結果である。幽霊党員を整理したら、四分の一も減ってしまった！　なお、二〇一七年一二月の三中総では「三四二万人の後援会員」と書いてある。

共産党の青年組織ともいえる民青（日本民主青年同盟）は一九七〇年には二〇万人とされていたが、二〇一三年には二万三〇〇〇人に激減し、昨年二〇一七年末には九〇〇〇人にまで落ち込んだ。

他の政党と比べると、自民党の党員は一〇〇万人、機関紙「自由民主」（週刊）は六八万部、公明党の党員は四一万人、機関紙「公明新聞」（日刊）は八〇万部（創価学会の「聖教新聞」は五五〇万部）。自民党は機関紙を発行しなくても「産経新聞」などがその代わりを担っている。

党勢と関連するもう一つの重要な指標が大会や中央委員会総会の決議などの「読了率」と党費（規約では「実収入の一％」）の納入率と党員の支部会議の開催状況である。読了率のピークは一九七一年の八九％であるが、近年は三〇％から四〇％と低迷している。

一〇年九月の二中総では、「党費納入は、全党的には六二％という水準にとどまっています」と報告された。また、「一カ月に一度も支部会議が開かれていない支部が二割となっています」という現状が指摘された。「党を語る力の土台となる綱領学習は、読了党員で四〇・六％、第二五回党大会決定の読了・徹底党員は三三・五％にとどまっています」。最近の数字では、昨年一二月の三中総では「党大会決議の読了は四三・八％」とか、「日刊紙は長期にわたって赤字の事業となっています」、「支部会議の毎週開催は二割弱にとどまっています」と報告された。

財政的には、二〇一六年の政党・政治団体の政治資金収支報告書によれば、中央委員会の収入総額は二一六億七九三七万円、支出総額は二一八億八〇〇一万円、繰越金は一二億三二三八万円である。参考までに各政党の収入総額の概数を表にした（どの党の場合も地方組織は別）。共産党は自民党に次ぐ巨大な財政を有している。

2016 年の政党助成金

	政党助成金（A）	政治資金総収入（B）	A／B
自由民主党	172 億 2100 万円	354 億 0900 万円	49%
民進党	97 億 4400 万円	246 億 8200 万円	39%
公明党	29 億 7200 万円	207 億 7700 万円	14%
おおさか維新の会	4 億 8600 万円	13 億 3000 万円	37%
社会民主党	4 億 7200 万円	20 億 5600 万円	23%
生活の党	3 億 3300 万円		
日本のこころ	5 億 6000 万円	9 億 8300 万円	57%
新党改革	1 億 0500 万円		
日本共産党	0 円	231 億 1200 万円	
合　計	318 億 9300 万円		

政党助成金は総務省：2016 年 4 月 1 日
政治資金収支報告書：2017 年 11 月 30 日公表
10 万の桁で四捨五入

なお、財政上で留意すべきことは、政党には国会議員が五人以上所属するという資格要件の下で政党助成金が交付されているが、共産党は受け取りを申請しないので、交付されていない。政党助成金は国民一人当たり二五〇円で年間に約三二〇億円となる。この数字も表にして、その比率も出した（「赤旗」二〇一七年一二月一日にも大きく報道されている）。

ついでながら、政党助成金は申請した

政党にだけ配分される仕組みなので、共産党に配分されてもよい金額は他の党に配分される。分かりやすく言うと、共産党が他の党にカンパしているようなものである。共産党は受け取っていないことを強調するが、「カンパ」についてはけっして語らない。私は、共産党は配分を受けて活用したほうがよいと、第1章で提言した。

現在、共産党の国会議員は衆議院議員が一二人、参議院議員が一四人。地方自治体の議員総数は二七七一人で全体の約八％。

共産党は、全国四七都道府県のすべてに党の事務所を有している。市町村にも地方自治体議員などの事務所があり、全国的な政党として活動している。

共産党の実態を知るためには、党員数や「赤旗」の読者数だけではなく、党員の職業分布や年齢構成についても明らかにする必要がある。だが、この点については系統的な報告がなく、断片的にしか分からない。

職業分布については、一九八七年の第一八回党大会で「労働者党員六五・五％、農民党員二・六％、勤労市民党員八・九％、知識人党員四・五％」と公表されたことがあるが、以後は一度も明らかにされていない。女性党員の比率は第一八回党大会で「三八・三％」だったが、二〇一〇年の第二五回党大会では「五割近い」と変化している。

年齢構成については、二〇一〇年九月の二中総（第二五回党大会）では、「六五歳未満の党員は約六割、六五歳以上の党員が約四割という構成である」と報告され、合わせて「長期的推移でみると、一九九七年時点での世代的構成は、六五歳未満が約八割、六五歳以上が約二割でした」と明らかにし、「党の世代的継承をはかるという点で、いま何としても打開しなければならない緊急かつ切実な大問題です」と確認した（この時点では日本全体では六五歳以上が二六・七％。共産党の党員は一八歳以上）。大会で選出される中央委員の平均年齢も高齢化している。一九八二年の第一六回党大会では一八九人で五四・六歳だったが、昨年の第二七回党大会では一六八人で六一・一歳となった（三〇歳代は二人、四〇歳代は八人、八〇歳代は八六歳の不破氏だけ）。二五人の常任幹部会委員の平均年齢は六三・六歳。死亡する党員も少なくない。二〇〇〇年の第二二回党大会では「三年間に八〇三五人」だったが、第二七回党大会では「三年間に一万三一三二人」に増えた。党員が高齢化していることは深刻である。日本社会全体の傾向でもあるが、そのテンポはさらに速い。

党員の高齢化はもう一つ、大きな問題を引き起こす。党員の〈世代間ギャップ〉である。プロスポーツなら現役選手の年齢は一定の幅があるが、政治的世界ではそうではない。先に不破氏と志位氏の差に触れたが、平均年齢が六一歳の中央委員会と二〇歳代の青年党員では体験も意識も隔絶たる差が生じる。「世代的継承」と合わせて難儀な問題となっている。

なお、党歴の経年ごとに党員の構成を明らかにすることも意味があると思うが、そういう数字は発表されていない。党員の定着度も下がっているのではないだろうか。

一九九〇年以降の国政選挙での得票については、巻末に表を掲示する。「第二の躍進の波」と称している一九九八年の参院選では比例区八一六万票・得票率一四・六％（八議席）だった（選挙区で七議席）。二〇一七年一〇月の総選挙では、比例区の得票数は前回から一六六万票減の四四〇万票で、議席は二〇から一一に減らした（小選挙区では沖縄の一議席を守る）。得票が二八％も減ったのだから、事態は極めて深刻である。

最後に、二〇一七年一二月の三中総では、「ＪＣＰサポーター」と「赤旗」日刊紙の電子版が決定され、前者は今年二月からスタートし、後者は今年七月から開始される予定である。後者は日刊紙の読者を減少させることになるだろう。

なお、組織の保持にとって軸となる組織論について、共産党は長く「民主主義的中央集権制」を採用し、一九五八年の第七回党大会で決定した「日本共産党章（草案）」と「日本共産党規約」に明記されていたが、九四年の第二〇回党大会で決定した「日本共産党規約」で「民主集中制」と短縮された。「中央集権」の語感を嫌い薄めるためであろう。

一九七八年には『民主集中制と近代政党』が党出版局から刊行され（九一年にその『増補版』）、八〇年には党理論委員会委員長の榊利夫の『民主集中制論』（新日本出版社）が刊行されたが、近年は「赤旗」でもこの五文字はほとんど見たことがない。第2章で取り上げた「入党のよびかけ」でも「方針はみんなで民主的に討議して決め、決定したらみんなで実行する「民主集中制」というルールを原則にしています」と一言だけ触れているにすぎない。この説明の限りでは、普通の「民主主義のルール」と区別して「民主集中制」という言葉をわざわざ使う必要性はまったくない（本書、九二頁参照）。

第5章　日本共産党の理論的混迷と後退

本章では、日本共産党の理論的混迷と後退について明らかにする。

第1節　『日本共産党の九十年』はなぜ刊行されないのか

共産党は今年二〇一八年、党創成いらい九六年となる。二〇一二年に九〇年という節目を迎えていたのだが、今日にいたるも『日本共産党の九十年』は刊行されていない。このことを気にする人は党員であってもほとんどいないであろうが、実はそこには重大な意味が隠されている。その意味を探るためには、次の事実を知らなくてはならない。

一九二二年に創成された共産党はこれまで節目となる年を区切りに以下の七冊の党史を刊行してきた。

- 一九六七年『日本共産党の45年』B6判一三九頁
- 一九七二年『日本共産党の五十年』四六判二四二頁

- 一九七八年『日本共産党の五十年』増補版 文庫本三〇二頁 ★
- 一九八二年『日本共産党の六十年』Ａ５判本文五〇二頁、年表二三五頁
- 一九八八年『日本共産党の六十五年』（全２冊）Ａ５判本文六三六頁、年表三〇九頁
- 一九九四年『日本共産党の七十年』（全３冊）Ａ５判本文九二〇頁、年表三九七頁 ★
- 二〇〇三年『日本共産党の八十年』四六判三二六頁

（★印は新日本出版社刊行、それ以外は、党中央委員会出版局発行）。

政党が自らの党の歩みを「党史」という形で明らかにすることは何かによって義務づけられているわけではなく、自民党の場合には一九六一年、六六年、七五年、八七年、二〇〇六年に刊行され、公明党は二〇一四年に『公明党50年の歩み』を初めての「本格的な党史」（「あとがき」）として刊行しただけである。これらに比べても、共産党は党史を重視してきたことが分かる。ソ連邦が崩壊した一九九一年の後には、宮本顕治議長は隊伍を崩さないために、「党の歴史」を学ぶことを強調していた。そのために、一九九四年に刊行された『日本共産党の七十年』はＡ５判で全三冊の箱入りで総ページが一三一七頁にも及ぶ大冊であった。それが定価三五〇〇円で普及された。

この七冊の『党史』の外形を見ただけでも、党勢の盛衰がはっきりと分かる。五年毎の『年史』を刊行した一九八〇年代から九〇年代が党勢が高揚した時代だった。

この時期には『党史』の他にも『日本共産党紹介』が刊行され、「赤旗評論特集版」（週刊）や『世界政治　論評と資料』（月二回刊）が発行され、「前衛臨時増刊」として『政治経済総覧』も二年に

一度刊行され、一九八五年には『ポケット政治経済必携』という便利な基礎データ集が、九二年にはB5判八一〇頁の『社会科学総合辞典』が新日本出版社から刊行された。「本辞典の特色」として、「わが国で唯一の社会科学の総合辞典」「科学的社会主義の最新の成果を反映」「精選された3000項目」などと宣伝されていた。九四年にはA5判四三四頁の『新・日本経済への提言』が刊行された(七七年に『日本経済への提言』)。関連する刊行物については、『どう理解』で整理した。ところが、九三年を最後に『政治経済総覧』は出されなくなり、「赤旗評論特集版」も『世界政治　論評と資料』もなくなり、二〇〇三年に刊行された『日本共産党の八十年』は四六判三二六頁の軽装版になった。ともかく数分の一に減頁したとはいえ刊行はされた。

だが、『日本共産党の九十年』はなお刊行されていない。しかも、現在の党の綱領は二〇〇四年の第二三回党大会で大幅に改定されたことを勘案すると、『九十年史』は絶対に必要なはずである。党の歴史についての公式の党史を読んでも、改定前の綱領とそれに従う歩みしか理解できないのでは、そんなものを読書する意味はほとんどないからである。

なぜ『九十年史』は刊行されないのであろうか。党内事情を直接探ることは出来ないが、推察することは出来る。

恐らく最大の理由は、不破哲三議長に主導されて大改訂した前記の二〇〇四年の綱領が党が現在実践している活動と合わなくなってしまったことにある。典型的な例をあげることが出来る。近年の流行言葉である「立憲主義」を共産党は「赤旗」でも強調しているが、実は綱領にはこの四文字は書かれていない（前記の三〇〇〇項目を収録した『社会科学総合辞典』にも無い）。「生存権」すら書かれていない（改定前の綱領では「生存の自由」と記述。後述）。「個人の尊厳」も「法の支配」も無い。志位和夫委員長は「綱領は旬だ」などと自慢することがあるが、嘘と言うしかない。この一事に典型的なように、近年の党の活動を二〇〇四年の綱領をベースにして忠実に記述することが出来なくなってしまったのである。

その乖離は年を追うごとに大きくなっている。共産党は昨年二〇一七年九月末から「市民と野党の共闘」をメインスローガンにするようになったが、こんな言い方は綱領には書かれていない。二〇一四年の第二六回党大会の決議では「自共対決」が強調され、「市民」は登場しない。その三年後、昨年の第二七回党大会の決議では「野党と市民の共闘」が強調されていた。私は、大会直後に、「『野党と市民』を『市民と野党』と逆に書いたほうが適切である」と注意した（『フラタニティ』第五号：二〇一七年二月、付録）。社会の変革と革命の主体が「市民」であり、その市民と現在は政権に就いていない複数の野党が共闘するところに意味があるからである。変革と革命の主体をどのように想定するかという問題については、『日本共産党をどう理解したら良いか』でも、上田耕一郎と不破氏の違いとして言及した。兄の上田は「わが党をはじめとする運動」と書くのに対して、弟の不破氏は「わが党が健闘し」（六一頁）としか書かない。この私の指摘が届いたのか、不破氏はこの年七月の党創立九五周年講演で「市民と野党の共闘」と繰り返し強調し、九月末からこのスローガンが定着した。共産党の指導部が綱領や大会決議を超えて、「市民」を前面に出すようになったのは大いにプラスに評価できる。だが、ここでの問題は、そのプラスの変化が綱領に沿ってではなく、綱領とずれていることにある。

第二の理由は、党の理論的能力の衰退である。自衛隊や象徴天皇制への対応（本章第3節で詳述）について、その変化が中央委員会総会で報告されることもないし、「赤旗」や関連雑誌にまともな論文は一つも書かれていない。なし崩しに変化するだけで、その説明を理論的に明らかにすることが出来ない。だから、『九十年史』を書こうとしてもどのように書いたらよいか分からない迷路に落ちこんでしまったのである。

その結果でもあり原因でもあるが、八七歳で依然として常任幹部会委員を務める不破氏は、近年『スターリン秘史』（全6巻）なる著作の執筆に没頭してしまった。新左翼へのトラウマに囚われてこんなテーマに取り組むよりも『九十年史』の執筆に打ち込むべきなのに、それが出来ないところに、不破氏の根本的な限界・誤りがある。ついでながら、『スターリン秘史』に一言ふれると、その第1巻では一九三〇年代のドイツでナチズムが登場する情勢をテーマに「社会ファシズム」論を批判しているにもかかわらず、その時に、「社会ファシズム」論を批判したトロツキーにまったく触れないという離れ業を演じている。ところが、この程度の欠落本を何と「ノーベル賞級」などと褒め上げる、経済学者の二宮厚美氏による書評が「赤旗」に掲載された（二〇一七年七月一五日）ことも付言しておこう。本来ならしかるべき政治学者か歴史学者が書評すべきである。それほどまでに、「赤旗」の水準は低下しているのである。

第４章で党員の「世代的継承」を問題にした（八四頁）が、党史が書けないほどに理論的能力が枯渇するとますます「世代的継承」が空洞化する。「党勢の停滞」は、『九十年史』を執筆・刊行出来ない理論的能力の枯渇を主体的要因として生じているのである。私の友人でもある党員が語ってくれたのだが、近年、党の指導部が自信を持って語ることが少なくなっているという。

第２節　廃語の数々と禁句

どの政党も自らの主張を鮮明に伝えるために、独自のキャッチフレーズや単語を打ち出す。社会で生起する事象について、この言葉こそがその事象を的確に表現していると主張する。いわば党派性を付着された言葉である。昨年話題となった「忖度」のように流行語大賞を受ける言葉もあるが、ここで問題にするのはそれとは異質である。

政党に関連する言葉では「綱領」とか「書記長」などは、ソ連邦共産党や日本共産党の影響が浸透して自民党や公明党までが使うようになった。抽象度が高く、社会にとって不可欠の言葉は、いわば普遍的な言語として定着する。逆に的外れの場合には発語した当人によっても使われなくなる。

共産党は九〇年余の歩みのなかでいくつもの党独自の言葉を発してきた。その言葉を使うことが党員としてのアイデンティティを共有する手段ともなってきた。だが、いつの間にか使われなくなり廃語となるものも少なくない。思いつくままに列記してみよう。

「細胞」「民主主義的中央集権制」「前衛部隊」「一国一前衛党」「二つの敵」「日本の独占資本」「敵の出方」「人民的な議会主義」「平和擁護」「マルクス・レーニン主義」「(世界)資本主義の全般的危機」「プロレタリアート執権」「革新三目標」「社会主義革命」「社会主義的な計画経済」「シャミン(社民)」「トロ」「ニセ『左翼』暴力集団」「生存の自由」「社会主義生成期」「社会主義陣営」。

どの言葉も、年配の党員なら思い出すことが出来るであろうが、若い党員にとっては何のことか分からない、忘れられた言葉である。そんな言葉を拾い上げて何になるのか、短なるあら探しにすぎない、という反発が起きるかもしれない。だが、そうではないことは、読み進むにしたがって次第にはっきりするに違いない。それぞれの言葉について説明しよう。

- 「細胞」:共産党の基礎組織の呼称であった。生物は細胞を基礎にして成長・拡大してゆくことから付けられたものだというが、この独特の用語によって、「俺は××細胞の一員だ」という自負が青年を奮い立たせてきた。他の政党ではなく、共産党の党員だという自負を呼び覚ましてきた。一九五八年に開かれた第七回党大会で決定した「日本共産党規約」の第一七条に「細胞党会議」など、第一八条に「細胞」と明記されていた。七〇年の第一一回党大会で決定した「日本共産党規約」では「地区組織」「地区党会議」と改称し、「細胞」は使われなくなった。九七年の「党規約」で「支部」とされた。
- 「民主主義的中央集権制」:共産党の組織の原則である。五八年の第七回党大会で決定した「日本共産党章(草案)」と「日本共産党規約」に明記されていた(五八年の大会では「綱領問題」について決着が着かなかったので（草案）となっている。「党章」という中国共産党の用語はその後つかわれなくなった）。野坂参三第一書記は、「民主集中制と鉄の規律」（六三頁）と強調した。だが、「鉄の規律」は使われなくなり、九四年の第二〇回党大会で決定した「日本共産党規約」で「民主集中制」と短縮された。「中央集権」の語感を和らげる狙いがあったのであろう。一九七八年に『民主集中制と近代政党』が党出版局から刊行され、九一年にその『増補版』が出た。八〇年には党理論委員会委員長の榊利夫の『民主集中制論』（新日本出版社）が刊行された。

だが、近年は「民主集中制」もあまり聞かれなくなった。前記の第二七回党大会では、志位和夫委員長は「結語」でただ一度だけ「民主集中制という組織原則の生命力の発揮」と述べたが、「決議」には「民主集中制」は登場しない。二〇一五年に副委員長の浜野忠夫氏が「組織論を初めて展開」と「赤旗」の広告で宣伝された『民主連合政府をめざして』を刊行したが、この本には「民主集中制」と一言も書いてなかった（村岡『不破哲三と日本共産党』二二頁以下に詳述）。不破哲三氏が一九九八年から二〇〇一年に著した大作『レーニンと「資本論」』（全7巻）でも組織論についてはほとんど言及していない。例外的に、二〇一一年に刊行した『不破哲三　時代の証言』（中央公論新社）で、この著作の元である「読売新聞」連載時には話していないのに付け加えて、「民主集中制」についてわずかに六行だけ簡単に説明したことがある（二〇八頁）が、論じたとは誰も思わない。志位氏は、二〇〇〇年の第二二回党大会の「結語」で「双方向型、循環型の全党的な認識の発展」と言い出したが、それは「民主集中制」とは真逆である（『不破哲三と日本共産党』一四三頁）。

なお「民主集中制」は「一国一前衛党」と一体であった。

・「前衛部隊」:「日本共産党章（草案）」の冒頭で「日本共産党は、日本の労働者階級の前衛部隊であり、……最高の階級的組織である」と確認した。七三年の第一二回党大会で「日本共産党は……日本労働者階級の前衛によって創立された」と変更され、八五年の第一七回党大会では「強大な大衆的前衛党」と書いたが、九四年の第二〇回党大会で「日本労働者階級の前衛によって」が削除された。『八十年史』によれば、二〇〇〇年の第二二回党大会で「『前衛』という誤解されやすい用語を削除しました」（三〇七頁）。志位氏は、二二年の党創立九〇周年の記念講演で第二二回党大会での規約改正に触れて「それまで使っていた『前衛政党』――懐かしい言葉ですが（笑い）――という規定を削除しました」と笑いを誘っていた（『不破哲三と日本共産党』一八七頁）。にもかかわらず、中央委員会理論政治誌のタイトルは依然として『前衛』を使っている。なんともチグハグなことである。

・「一国一前衛党」:一九八四年に「赤旗」無署名論文「科学的社会主義と一国一前衛党論――『併党』論を批判する」が発表された。前項のように「前衛」を削除したので、この論も消滅した。

・「二つの敵」「日本の独占資本」:五八年の「日本共産党章（草案）」では「げんざい〔*〕、日本を基本的に支配しているのは、アメリカ帝国主義と、それに従属的に同盟している日本の独占資本であり」と書かれ、六一年の第八回党大会で決定した「日本共産党綱領」では「現在、日本を〔*〕支配しているのは、アメリカ帝国主義と、それに従属的に同盟している日本の独占資本〔*〕である」と微修正され、「現在、日本の当面する革命は、アメリカ帝国主義と日本の独占資本の支配――二つの敵に反対するあたらしい民主主義革命、人民の民主主義革命である」とした。以後、二〇〇四年の第二三回党大会での大幅改定まで何回かの綱領の改訂でも踏襲されていた。これが「二つの敵」論である。細かいことだが、『八十年史』では、前記の引用部分〔*〕が「現在」（一三六頁）とされ、「基本的に」、「主義」が加えられている（一五九頁）。

二〇〇四年の第二三回党大会では、「日本は……アメリカへの事実上の従属国の立場になった」、「日本独占資本主義は、対米従属的な国家独占資本主義として発展し」と書き換えられた。

・「敵の出方」：五八年の第七回党大会で議論になった論争点の一つで、「綱領問題についての報告」の「九　革命の平和的移行について」と項目を立てて説明され、「平和移行を必然視する見地」は間違いだとされ、「革命への移行が平和的となるか、非平和的となるかは結局敵の出方による」とされた。一九六七年に無署名論文「極左日和見主義者の中傷と挑発」（「四・二九論文」）が発表され、「独習指定文献」とされ、一時期は話題になったが、議会を重視するようになったので、「敵の出方」論は影をひそめた。だが、不破氏は二〇〇〇年に『レーニンと「資本論」』で「マルクスの『敵の出方』論」と項目を立てて、「ほぼ同じことを、マルクス、エンゲルスは主張していた」と書いた（村岡『どう理解』七一頁）。項目を立てたのに、「ほぼ同じ」とは何とも見苦しい。また、不破氏は、国家権力を如何にして獲得するかという話を、国家権力を奪った後の話にすり替えている。

・「人民的な議会主義」：共産党が一九六〇年代以降、議会重視に路線を変えたので、新左翼党派は一斉にその動向を「議会主義」と批判するようになった。共産党はこの批判をかわすために、七〇年の第一一回党大会で単なる「議会主義」ではなく、「人民的な議会主義」なのだと反論することになった。不破氏は七〇年に『人民的議会主義』とタイトルを付けた著作を書いた。だが、近年は「国民」よりも「市民」が好まれるようになり、「人民」は死語となったから、「人民的議会主義」は近年の「赤旗」では見ることはできない。ついでながら、新左翼の場合には「革命的議会主義」と言う。

・「平和擁護」：原水爆禁止運動などで盛んに使われたが、新左翼は「擁護すべき平和はどこにあるのか」と批判し、戦争に反対する〈反戦〉を強調した。「平和擁護」は何時のころからか使われなくなった。

・「マルクス・レーニン主義」：「日本共産党章（草案）」いらい使われていたが、七六年の第一三回臨時大会で「科学的社会主義」に置き換えられた。この時は「プロレタリア国際主義」は残されたが、九四年の第二〇回党大会でこれも消えた。

・「（世界）資本主義の全般的危機」：一九二八年のコミンテルン第六回大会で採択された「コミンテルン綱領」で最初に提唱されたキーワードで、六一年綱領の基本用語となっていた。党外では前から批判されていたが、八五年綱領から使わなくなった。不破氏は、八八年に『資本主義の全般的危機」論の系譜と決算』を著した。

・「プロレタリアート執権」：「日本共産党章（草案）」で「労働者階級の権力、すなわちプロレタリアート独裁の確立、生産手段の社会化、生産力のゆたかな発展をもたらす社会主義的な計画経済」

と書いたが、七三年の第一二回大会で「プロレタリアート執権」に変更し、さらに七六年の第一三回臨時大会で「プロレタリアート執権」を削除し、二〇〇四年の第二三回大会では「労働者階級の権力」も消えてしまった。実は、「ブルジョアジー独裁」と「暴力革命」と「プロレタリアート独裁」とは「三位一体の不可分の認識」（『不破哲三との対話』一六二頁）であった。不破氏は一九六三年の『マルクス主義と現代イデオロギー』で「国家は階級支配の機関である」とか「ブルジョア独裁は、ブルジョア民主主義国家の階級的本質である」（下・一九六頁、二〇四頁。傍点は原文）と書いていた（『不破哲三と日本共産党』六八頁～）。

・「革新三目標」：一九七一年に提起されたもので、「①日米軍事同盟と手を切り、日本の中立をはかる、②大資本中心の政治を打破し国民のいのちと暮らしをまもる政治を実行する、③軍国主義の全面復活・強化に反対し、議会の民主的運営と民主主義の確立をめざす」を内容とする。『社会科学総合辞典』によれば、一九八〇年の「日本社会党の右転落」の後、「つぎのように補強した。①日米軍事同盟と手を切り、真に独立した非核・非同盟・中立の日本をめざす、②大資本中心、軍拡優先の政治を打破し国民のいのちとくらし、教育をまもる政治を実行する、③軍国主義の全面復活・強化、日本型ファシズムの実現に反対し、議会の民主的運営と民主主義の確立をめざす」。だが、何年に補強されたのかは明示されず、『八十年史』では、補強については書かれていない。「革新三目標」と合わせて、八一年に全国革新懇（平和・民主・革新の日本をめざす全国の会）が四五〇万人を結集して結成された。現在も四五〇万人とされているが、「全国革新懇ニュース」はわずかに三万部しか発行されていない（「赤旗」二〇一六年五月一八日）。

「革新三目標」では憲法に一言も触れていないことが特徴的である。だから、「立憲主義」が宣伝される現在では、ほとんど触れられることはない。死文化したと言ってよい。今年（二〇一八年）五月に開かれた全国革新懇の第三八回総会では「革新三目標」は姿を消してしまった。

・「社会主義革命」：「日本共産党章（草案）」では「ブルジョア民主主義革命を遂行し、これを社会主義革命に発展転化させて、社会主義日本にすすむ」（八二頁）と書き、六一年綱領では「独立と民主主義の任務を中心とする革命から連続的に社会主義革命に発展する必然性をもっている」とした。これが「二段階連続革命」である。だが、今では志位氏は「綱領のなかには『社会主義革命』という言葉はないんです」とまで語るようになった（二〇一四年の総選挙での外国特派員協会で記者と一問一答、一二月一〇日。本書、一二八頁）。しかし、綱領の「四　民主主義革命と民主連合政府」の冒頭に「……社会主義革命ではなく」と書いてある。肯定的な意味ではと限定すればそう言える。「社会主義社会」と合わせて別項で詳述する（本書、一二八頁）。

・「社会主義的な計画経済」：前記のように使われていたが、九四年の第二〇回大会で「計画経済と市場経済の結合」に変更され、さらに二〇〇四年の第二三回大会で「経済の計画的な運営」と変えられ、「計画経済」は使われなくなった。

・「シャミン（社民）」「トロ」「ニセ『左翼』暴力集団」：「シャミン（社民）」は、一九九六年に日本社会党が改称して発足した社会民主党の略称ではなく、社会党などの社会民主主義者に対する蔑称であり、「トロ」はマグロのトロではなく「トロツキスト」の短縮語でこれまた相手を蔑む用語で、汚いので、この二つの用語は党の公式の文書では使われてはいないようであるが、日常的には好んで使われていた。「ニセ『左翼』暴力集団」は、新左翼党派の総称として非難する際に常用されていた。『八十年史』では七回も登場する。これらの下品な言葉は近年はお目にかかることはないが、年配の党員の中にはまだ口にする者がいるようである。ついでながら、新左翼は学生運動のなかで民青（日本民主青年同盟）を「民コロ」と蔑んだ。

・「生存の自由」：共産党は〈生存権〉を嫌い、一九七六年の第一三回臨時党大会で決定された「自由と民主主義の宣言」で「生存の自由」を大々的に打ち出し、九四年の第二〇回党大会での綱領に初めて登場したが、二〇〇四年の綱領大改定で消えてしまった。

・「社会主義生成期」：ソ連邦などで否定的な出来事が起きるたびに、それをどのように理解するかが大きな問題となり、新左翼は一九五六年のハンガリー事件を直視していち早く「スターリン主義」として断罪した。当時はソ連邦や中国を「社会主義陣営」と認識していた日本共産党は、批判することが出来ず、『八十年史』では「〝反革命鎮圧のためのソ連軍の介入〟というソ連などの見解をうけいれました。……自主独立の立場を確立する途上で生まれた誤りでした」（一三三頁）と反省している。『八十年史』での記述はこれだけだが、実は八八年の『六十五年史』で「反革命の策謀とはいえない」（上・一五四頁）と評価を変え、『七十年史』ではそのことを「過去の誤りをすすんで是正する誠実さ」（上・二六五頁）と強弁していた。何とも立派と言うしかない。

ハンガリー事件の一二年後に起きたチェコスロバキア事件に際しては、共産党はすぐに批判し、一九七七年の第一四回党大会の「中央委員会の報告」で「今日の社会主義を、世界史的には生成期だと規定する」と言い出した。「生成期」つまり生まれたばかりだから、否定的な現象もしかたがないという弁護論であった。副委員長の上田耕一郎は「目からウロコが落ちた思いがした」とまで絶賛した。八二年から八三年には『前衛』に長砂実氏など七人の研究者がこのテーマで論文を発表した。八五年の第一七回大会では「社会主義の制度的優位性」とか「逸脱にもとづく否定的現実」と書き、「社会主義の復元力の発揮をのぞみつつ」と期待していたが、九一年末のソ連邦の崩壊後、九四年の第二〇回大会で「今日から見れば明確さを欠いていた」としてお蔵入りとなった（『どう理解』三六頁）。だが、『八十年史』では「その当時においては、ソ連の現状にたいするもっともきびしい批判的立場でした」（二二四頁）と強弁している。ただ呆れるほかない。

・「社会主義陣営」：五七年には「社会主義諸国」とされていたが、六一年に「社会主義世界体制」とか「社会主義陣営」と書くようになった。八五年にはこの二つの言葉は使われなくなり、前記のように「社会主義の復元力」などと書くようになった。だが、九四年綱領で「ソ連覇権主義」とか「社会帝国主義」と書き、さらにソ連邦崩壊から一三年後の二〇〇四年綱領では、ソ連邦について「社会主義の道から離れ去った覇権主義と官僚主義・専制主義の破産」とか「ソ連覇権主義という歴史的な巨悪の崩壊」とまで酷評した。「社会帝国主義」が消え、三つの単語を重ねて使っているところに不明確さが示されている。

これらの言葉のうち、一九九二年刊行の『社会科学総合辞典』では「革新三目標」「計画経済」「社会主義社会」「社会主義生成期論」「資本主義の全般的危機」「人民的議会主義」「生存の自由」＊、「前衛党」「『敵の出方』論」＊、「ニセ『左翼』暴力集団」「プロレタリアート執権」「マルクス・レーニン主義」「民主主義的中央集権制（民主集中制）」は説明されている（＊印は項目にはないが、別項目のなかの記述）。「細胞」はあるが、生物学の用語としてだけ説明。なぜ、社会科学の辞典なのに生物学の用語が出てくるのか。「平和擁護世界大会」「平和擁護日本委員会」が項目にはないが記述。「一国一前衛党」については、「複数前衛党論」の項目で、この理論を「誤った議論」として説明するなかで「一国一前衛党の立場に立ってこそ」とある。「生存の自由」や「『敵の出方』論」「平和擁護」は三〇〇〇項目にも入らない廃語なのである。なお、「友愛会」はあるが、「友愛」はない。

以上に略記したようにいくつもの言葉が共産党の独自性を表現するために発せられ、そのたびに強調されていたが、今日では廃語になってしまった。自らの党をどのように自己規定するか、あるいはその組織論についてぶれている。「前衛」規定を止めたのに、理論政治誌のタイトルを『前衛』と固守している。また、資本主義の次の社会をどのように構想するのか、ソ連邦や中国をどのように認識・評価したらよいのかについて、「社会主義生成期」が廃語になったことに典型的なように、確定的な理解がなく、大きく変化してきた。別言すれば、それらの問題についての認識に弱点を抱えてきたのである。

六一年の綱領から数えても半世紀以上経過しているとはいえ、これだけ多くの言葉（前記だけで二一個）が廃語になっていることは直視して反省しなくてはならない。そこには表裏二つの側面がある。まず、これほど多くの誤りや不十分さが存在したにもかかわらず、共産党は活動を継続し、今日の位置を築き上げた。その意味では人間の認識は実にいい加減で、誤りや不十分さを許容すると言える。他の党の場合にはどうなっているのかは、それぞれそのことを専攻する研究者に調べてもらうほかない。同時に、それほど多くの誤りや不十分さが存在したがゆえに、この程度にしか成長できなかった、とも言える。正誤はあざなえる縄の如しなのであろうが、その縄はやせ細ったのか、丈夫に太くなったのか、そこが問題である。

短気な人は、それほどいい加減な共産党の主張に付き合ってはいられない、あるいは言葉に拘ることは無意味であると思うかもしれない。だが、そう考えるべきではない。言葉はもともと人間の意思疎通、相互理解、共通認識の広がりのために発せられる（この点については、『社会主義はなぜ大切か』で詳述した）。「フェークニュース」が流行り出した時代だからこそ、言葉の信頼性を高めなくてはならない。そのためにこそ、言葉は慎重に発せられ、点検されなくてはならない。「マスゴミ」や「アホノミクス」や「犬ＨＫ」などの汚い言葉を好むのは止めたほうがよい。

× × ×

これらの廃語のなかで、「一国一前衛党」「平和擁護」「生存の自由」「社会主義生成期」については、私は系統的に批判を加えてきた。「一国一前衛党」については一九八四年に「『一国一共産党』論の誤り」で批判し（『変化の中の日本共産党』に収録）、そこで〈複数前衛党〉と一筆し、二年後の八六年に「複数前衛党と多数尊重制」を発表した（橋本剛・村岡到『前衛党組織論の摸索』稲妻社、一九八八年、に収録）。「平和擁護」については一九八二年に「平和を創造するために――『真の平和綱領のために』をこえて」を発表して、〈平和の創造〉と創語した（後に、湯川秀樹が使っていたと知った。『日本共産党との対話』に収録）。論文のサブタイトルの文書は、前年に共産党が鳴り物入りで打ち出した文書である。「生存の自由」については、アントン・メンガーの『労働全収益権史論』（森戸辰男訳、一九二四年、弘文堂書房）に学んで、一九九八年に「生存権と生産関係の変革」を発表し、〈生存権〉の決定的重要性を強調した（『生存権・平等・エコロジー』に収録）。「社会主義生成期」については、系統的に批判的に論及してきた。その到達点については、「『ソ連邦＝党主指令社会』論の意義」で、ソ連邦を〈党主指令社会〉として明らかにした（『ソ連邦の崩壊と社会主義』に収録）。同時に〈社会主義志向国〉とも言える（「社会主義実現の困難性」『ロシア革命の再審と社会主義』に収録）。

なお、社会的には認知されているのに、共産党がほぼ絶対に使わない用語がある。「友愛」「平和の創造」「スターリン主義」「福祉国家」である。前の三つの言葉は『社会科学総合辞典』にも無い。『社会科学総合辞典』では「福祉国家論」の項目はわずか一六〇字で「資本主義のもとでも平等な社会が実現できるという幻想をあたえる議論」と説明されている。「スターリン主義」は、昨年二〇一七年に不破氏が講演で初めて一度だけ口にした（本書、六〇頁）。私は「資本制経済」であることを曖昧にする「福祉国家」は使わないが、他の三つについては強調している。

第3節 〈自衛隊・天皇・大企業〉の容認へ

この節では、共産党が〈自衛隊・天皇・大企業〉という大きな三つの論点・課題について、近年その見解が曖昧となり、いずれも現状を容認する傾向に傾きつつあること、しかもそのことが明確に論じられることなくなし崩しに進行していることを明らかにする。

A 自衛隊について

朝鮮戦争が勃発した一九五〇年にマッカーサーを最高司令官とするGHQ（連合国軍最高司令部）の占領下で警察予備隊が発足し、五一年九月に日米安保条約が締結され、五二年四月にサンフランシスコ講和条約が発効し、五四年六月に自衛隊法によって自衛隊が成立していらい、自衛隊をどのように認識し、どう対処したらよいのかは、日本政治の最大とは言えないが、きわめて大きな争点となってきた。「自衛隊は憲法に違反する」から「自衛隊を軍隊として明確にせよ」まで世論を両極端に分かって争われ、現下の政治情勢でも安倍晋三首相によって、この問題を決着づけるためとして、憲法改正、正確には壊憲が狙われている。

共産党の一番あたらしい見解をまずはっきりさせよう。昨年（二〇一七年）一〇月の総選挙の公示前日、「赤旗」一〇月九日号に「国民の合意が成熟するまでは、政府としての憲法解釈は合憲という立場を一定期間引き継ぐ」という小見出しが立った。前日に行われた「日本記者クラブ　党首討論」で志位和夫委員長が、安倍首相の自衛隊についての質問に答えた発言である。

このまったく新しい見解については後で検討することにして、自衛隊についての共産党のこれまでの主張を振り返る必要がある。

一九六一年の第八回党大会では「行動綱領の基本」で「自衛隊の解散」と打ち出した。

一九七三年に出された「民主連合政府綱領」の柱である「革新三目標」では「日米軍事同盟と手を切り、日本の中立をはかる」が第一に掲げられ、自衛隊をどうするかには全くふれず（『民主連合政府綱領』一三頁）、将来の話として「自衛隊解散を実現できるようにすべきである」（同、一二頁）としていた。

一九九八年九月に、中央委員会総会で、「安保条約にかかわる問題は『凍結』する」という重大な提案を決定した。その前年九月の第二一回党大会で宮本顕治議長が引退し、委員長の不破哲三氏が名実ともにトップになっていた。この中央委員会総会の一カ月前に不破氏が緊急記者会見で「安保条約凍結」というまったく新しい提案を発表し、それを党の決定として確定した。しかし、この「安保条約凍結」論は、何故かは不明のまま、いつの間にか消えてしまった。

二〇〇〇年一月の第二二回党大会では、「安保条約凍結」論は一言も触れられず、大会決議で「民主連合政府に参加するわが党の立場」を説明し、「自衛隊問題の解消」とか「そうした過渡的な時期に〔民主連合政府が誕生したら〕自衛隊を活用する」と決定した。上田耕一郎副委員長は、大会でも代議員として「自衛隊解消と常備軍をもたない国家の創出へ」（二一五頁）と発言し、大会の翌年に著した『戦争・憲法と常備軍』（大月書店）では「カント以来の常備軍廃止の人類的理想」（八頁）とまで表現し、「常備軍のない近代民主国家の誕生」（六六頁〜）と強調した。なお、この決議で「自衛隊問題の解消」と書いたので、その後は「自衛隊の解消」という不自然な日本語を使うようになった。その前は前記のように「自衛隊の解散」と書いていた。

二〇〇四年の第二三回党大会で綱領を大改訂した。新綱領では、「民主的改革の主要な内容」として、「自衛隊については、海外派兵立法をやめ、軍縮の措置をとる。安保条約廃棄後のアジア情勢の新しい展開を踏まえつつ、国民の合意での憲法第九条の完全実施（自衛隊の解消）に向かっての前進をはかる」とされた。新綱領でも大会決議でも「自衛隊活用」は消えてしまった。それから後は、二〇一四年一月の第二六回党大会まで、「自衛隊活用」はお蔵入りされた。そのために、二〇一一年の東日本原発震災の後、自衛隊は復旧のために大動員され、歓迎されマスコミでも大きく報道されたが、「赤旗」は自衛隊の活動を一切報道しなかった。まるで自衛隊は存在しないかのようである。

翌〇五年に「党政策委員会」の松竹伸幸氏が、共産党中央委員会が編集・発行する『議会と自治体』四月号の特集巻頭論文で「自衛隊活用」を前面に打ち出し、「海外における軍事介入反対の一致点で」の共同行動を強調したが、「問題」とされ、松竹氏は次号に「自己批判」めいた一文を書き、その後、退職した。

不破氏は二〇一〇年に「読売新聞」の「時代の証言者」というシリーズに登場した。その二六回で、記者が「共産党は二〇〇〇年代に入り、党規約と綱領を改定して、天皇制や自衛隊の『当面の存続』を容認した」とリードで問い、説明を求めた。ところが、不破氏は自衛隊については一言も話さなかった（一二月七日）。そのために、問いは二つあったのに、見出しは「知恵要した『天皇制容認』」となった（後述。一一一頁）。

二〇一五年一〇月に、志位委員長が「国民連合政府」の呼びかけに関連して、「自衛隊を活用することは当然のことです」とか、「自衛隊法にもとづいて自衛隊を活用」（「赤旗」一〇月一七日）とまで発言した。一〇年前には「自衛隊活用」は自己批判物だったのに、今度は何の議論もないままにそれが党の政策になるとは、驚くほかない。

二〇一六年の参議院選挙の直前、六月二六日にNHKで自衛隊の予算について「人を殺すための予算」と失言して藤野保史政策委員長（衆議院議員）が二日後に党の役職を降ろされた。この失言は自衛隊問題に明確な方針が確立していないから生じたのであり、大きくマイナスに作用した。そして冒頭の志位発言となった。「政府としての憲法解釈は合憲」という発言はこれが初めてである。これほど重大な問題が突然にも「党首討論」で飛び出すこと自体が大問題である。

以上に略記したように、自衛隊に対する共産党の態度は明確な説明もないままに大きく変化してきた。

冒頭の志位発言に関連して検討しよう。

この党首討論で、安倍首相は、志位氏に「共産党が入る連合政権ができたとき、自衛隊は違憲だという立場を取るのか。そんなことをすればすぐに自衛隊を解消しなければならなくなる」と質問した。これに志位氏は「政府としての憲法解釈は合憲」と答えた。さらに、記者からの質問に対しては「自衛隊の段階的な改革」などという綱領には書かれていない言葉を発した。

その前日にも「ネット党首討論」でほぼ同様の問答があった。安倍首相は「……自衛隊法は違憲立法になってしまう」と発言。ここでは、公明党の山口那津男代表が「共産党が違憲と言い続けないと国民の意識は変わらないと思いますよ」とジャブ（「赤旗」一〇月九日）。

二週間近く後に、今度は小池晃書記局長がネット番組で自衛隊について「政府としては合憲」と答えた。「〔共産党の大臣が〕自衛隊は違憲だといったとたん、自衛隊の予算すらつけられなくなってしまいますから」（一〇月二二日）とも説明した。

これらの問答には、重大な現実無視がある。「違憲立法」だと、なぜすぐに「解消」（正確には〈解体〉）しなくてはならないのか。「違憲」ではあれ、自衛隊法によって成立しているのだから、存続は可能である。もし、共産党が「自衛隊＝違憲合法論」を採用していれば、安倍首相に「そんなことはない。違憲だが、合法存在なのだから、予算は執行できる」と答えることが出来たはずである。

さらに、今年三月二五日に志位委員長は、新宿駅頭での街頭スピーチで「いま問われているのは、自衛隊が違憲か合憲かではない。９条を変えることによって、海外での戦争に乗り出していいか悪いかではないでしょうか」と訴え、「（「そうだ」の声、拍手）」を得ている（「赤旗」三月二六日）。なぜ、「私たちは、自衛隊は違憲だと考えていますが、自衛隊は合憲と考える人たちも戦争に乗り出すことに反対の一点で協力しよう」と言えないのか。街頭演説ではあるが、この「いま」とは何時までのことなのか。これでは、天皇への態度を一八〇度変更した（次項で取り上げる）ように、自衛隊についての根本的立場を転換することになるだろう。この転換を避けるためには〈閣外協力〉以外に道はない（第1章、参照）。

そして、今や第2章で明らかにしたように、「入党のよびかけ」でも全国革新懇の志位委員長の「特別発言」でも自衛隊についてはまったく触れなくなった。

×　×　×

私は、一九九〇年に「自衛隊を解体し国連指揮下の日本平和隊の創設を」を提起し、二〇一一年に「自衛隊の改組にむけた提案」を発表した（『プランＢ』第三五号。『親鸞・ウェーバー・社会主義』に収録）。一九九八年には「日本共産党の『安保凍結』論への疑問」を書き、『週刊金曜日』に投稿し掲載された（一〇月三〇日。『不破哲三との対話』に収録）。松竹論文をめぐる経過については、一昨年、『フラタニティ』創刊号（二〇一六年二月）の特集として発表した「『非武装』と『自衛隊活用』を深考する」で詳述し、同年五月に「〈友愛〉を基軸に活憲を」で、憲法第九条に「自衛隊は、憲法の理念に違反するが、合法的な例外存在である」と第三項を新設することを提案した（『壊憲か、活憲か』ロゴス、三四頁）。今年初めに「自衛隊＝違憲合法例外存在論を明確に」（『フラタニティ』第九号：二〇一八年二月）を発表した。

B　象徴天皇制について

初めに断っておくが、共産党は公式文書では絶対に「象徴天皇制」とは書かない（宮本顕治や上田耕一郎は「象徴天皇制」と書くこともある）。「天皇の制度」と表現する。どうして世間で周知の言葉を使わないのか、そこにこの問題での弱点が示されている。

一九四五年九月二日の降伏文書締結で第二次世界大戦での敗戦を認めた日本は、ＧＨＱの統治下に置かれ、外国の戦場から三五〇万人の兵士や二八〇万人の一般居留民を帰国させ、主要都市が焦土となったなかで戦後の復興に向かうことになった。ＧＨＱ、実質的にはアメリカは、日本を統治するうえで天皇の位置と役割の大きさを利用することが必要だと判断した。在外の兵士は反乱することもなく平穏に帰国したが、その際に天皇崇拝が大きく作用し、国内での天皇の「行幸」は圧倒的に歓迎された。四五年末の世論調査では「天皇制支持」が九五％であった。これらの事実を、ＧＨＱ首脳は重視したからである（『文化象徴天皇への変革』三七〜四三頁、参照）。

一九四七年五月三日に施行された憲法では、「第一章　天皇」の「第一条」に「天皇は、日本国の象徴であり日本国民統合の象徴であつて、この地位は、主権の存する日本国民の総意に基く」と明記された。これが「象徴天皇制」である（憲法にこの五文字はないが）。以来、「象徴天皇制」の評価についても国論を二分する争点となってきた。

共産党は、一九六一年の第八回党大会で決定した綱領では、「天皇の地位」を「反動的なもの」とし、

「ブルジョア君主制の一種」としたたうえで、「君主制を廃止し……人民共和国をつくり」と書いた。『八十年史』では、「君主制の廃止が問題になるのは、民主的変革の先の段階という位置づけをはっきりさせました」（一六〇頁）と説明されている。

一九七三年一月に、国会の開会式での天皇の出席・挨拶について、憲法第四条違反だとしてその取りやめを要求した。

二〇〇四年の第二三回党大会で大改定された綱領では、「党は、一人の個人が世襲で『国民統合』の象徴となるという現制度は、民主主義および人間の平等の原則と両立するものではなく、国民主権の原則の首尾一貫した展開のためには、民主共和制の政治体制の実現をはかるべきだとの立場に立つ。天皇の制度は憲法上の制度であり、その存廃は、将来、情勢が熟したときに、国民の総意によって解決されるべきものである」と書いた。

不破氏は翌年に『党綱領の理論的突破点について』で、「君主制」に関して「つめた分析とはなっていませんでした」（二七頁）と書き、さらに「『君主制』という規定の誤りを明らかにすると同時に……それを解決する合理的な道筋を新しい立場から打ち出しました」（二八頁）と説明した。前記引用の後段にある「情勢が熟したとき」を指す。一九四七年から半世紀以上も経って誤りに気づいた！

不破氏は二〇一〇年に前項で取り上げた「読売新聞」の連載「時代の証言者」で「苦労したというか、知恵を要した点の一つは天皇制の問題でした」と語った（一二月七日）。この回の見出しは

「知恵要した『天皇制容認』」と付けられた。さらに単行本『不破哲三　時代の証言』（中央公論新社、二〇一一年）ではタイトルが「党規約・綱領の改定――レーニンの問題点と取り組む」とまったく書き換えられた。苦労したということは、そこに弱点があったということである。

二〇一六年一月、年頭の国会開会式では従来の態度を一変して出席し天皇に頭を下げた（私は出席して着席が適切だと考える）。

以上に略記したように、象徴天皇制に対する態度も大きく変化している。

不破氏は「合理的な道筋」などと自画自賛しているが、綱領での自衛隊と象徴天皇制についての記述を比較するとその不整合さに気づく。自衛隊については「国民の合意での憲法第九条の完全実施（自衛隊の解消）に向かっての前進をはかる」と書かれているのに、象徴天皇制については「その存廃は、将来、情勢が熟したときに、国民の総意によって解決されるべきものである」となっている。自衛隊のほうは言葉の不適切さは別にして「自衛隊の解消」と書かれているのに、象徴天皇制の「存廃」は結論先送りとなっている。不整合というよりは、象徴天皇制に対してはヨリ軟弱な姿勢となっている。重ねて確認するが、これほど重大な問題での見解の変更について、まともな論文一つ発表されていない。

×　×　×

この問題については、『不破哲三との対話』でも『日本共産党をどう理解したら良いか』でも『不破哲三と日本共産党』でも取り上げた。さらに、二〇一五年に『文化象徴天皇への変革』で主題的に論じた。文化象徴天皇に変革するという提案については、今年三月に刊行された『天皇制と共和制の狭間で』（第三書館）に「〈文化象徴天皇〉への変革を」が収録された。小さな波紋がようやく起きた、と言える。

C　大企業について

この問題については、二〇一四年に開かれた第二六回党大会について論評した時に取り上げた。次のような文章を普通の人はどう評価するであろうか。

「もちろん大企業がばたばた倒れる経済では困りますから、国民は企業経営を支えるためにしっかり働く。同時に大企業や財界も、働く労働者や中小企業・業者の生活を賃金や保険料やまっとうな下請け単価でしっかり支え、政治を不当に自分たちの利益ばかりに引き付けない。そういう市民と大企業の共存共栄社会です」。

これを読めばだれでも、資本主義の永続化を望む論者の文章だと思うに違いない。ところが、この筆者は「赤旗」にもよく登場する石川康宏神戸学院大学教授である。書名は『橋下「維新の会」がやりたいこと』。出版社は、宮本や上田の著作集を出している新日本出版社。昨年（二〇一二年）刊行されて党員が学習によく使っているという。

石川氏と不破氏を出版社が同じだからという理由で結びつけるのは論理的ではないと反発するむきには、次の文章を読んでいただこう。

「国民と大企業が共存する経済社会の実現が、この経済改革の目標です」。この一句は、二〇〇四年の党綱領改訂後に強調されることになった「ルールある経済社会」なるキャッチフレーズの説明として、綱領改訂を主導した不破議長が『新・日本共産党綱領を読む』（二〇〇四年、二九二頁）で書いたものである。

同じような言い方は、二〇一三年一月四日の「党旗びらき」の志位挨拶にもある。「……大企業の経営もいよいよ立ち行かなくなる自縄自縛におちいる、だからこそ『ルールある経済社会』をつくるうえで政治が役割を発揮する必要がある、という訴えへと改善をはかりました」。別な言い方をすれば、「ルールある経済社会」にすれば、「大企業の経営」はうまく行くというのである。

二〇一三年の六中総の志位報告にはこう書いてある。「共産党は『企業経営などどうなってもいい』と考えているかのような誤解を与えることがあってはなりません」。この考え方が「ルールある経済社会」なのだと、志位委員長は説明している。〈資本主義の限界〉を明らかにするのではなく、資本主義救済の道を探ろうというのである。

最近の例をもう一つ上げよう。多作の渡辺治氏が昨年（二〇一二年）末に『渡辺治の政治学入門』なる、本人の「美意識」とは合わないという著作を新日本出版社から初めて刊行した。この渡辺氏は、共産党系の著名な政治学者で、九条の会事務局メンバーでもある、共産党世界では影響力の強い論者であることは周知である。

この『渡辺治の政治学入門』には、「資本家」が一回も登場しない！「労働者」は一度だけ出てくるが、現在の話ではなく歴史的文脈においてである。「資本主義」の四文字が全く出てこない。正確に言うと「資本主義生産」が二度出てくる。「海外の大資本」が一度出てくる。「巨大企業体」や「財界人」は出てくるが、「市民」も登場しない。もっぱら「国民」が主語である。「国民と支配階級」が対句となっているが、資本家は「国民」ではないのか。日本もアメリカも国名だけである。「アメリカ政府」は出てくる。「支配階級」は頻出するが、「支配層」や「保守支配層」も多用されていて、その区別と関連はまったく説明がない。「支配層」と並んで「マスコミ」も頻出するが、「大マスコミ」との異同も不明。「資本の論理」とすべきところは「経営体の論理」とか「企業社会の論理」となっている。もっぱら強調されるのは「新自由主義」の五文字だが、これまた明確な概念規定、いやほんの少しの本質的説明もない。「資本主義」が出てこないのだから、「社会主義」も出てこない。いや一度だけ書いてあるが、それは野田佳彦前首相の言葉――「社会主義と新自由主義の中間」の引用としてである。これが、渡辺氏が一貫して強調している「企業社会」論の正体である。

ついでながら言えば、渡辺は「憲法第二五条に基づく人権」とは言うが、「生存権」とは口が裂けても言わない。政治学者が「ベーシックインカム」に触れないのは仕方がないが、「尖閣列島」問題に触らないのは決定的欠落である。原発認識も共産党中央以下である。渡辺氏の主張は「新しい福祉国家」の実現だけである。恐らく資本主義の枠内であろう。

つまり、この「政治学入門」をいくら読んでも、現代日本が「資本主義」であることも、「労働者と資本家の対立」も認識することはできない。

一体これで「政治学入門」とは、羊頭狗肉の見本にすぎない。せいぜい「民主党政権側面史」とでも称すべきである。政治史のレベルでいえば、渡辺氏はかつてはしきりに「九三年政変」と強調して、細川護熙連立政権の成立を過大に評価していたのだが、今度の著作には「九三年政変」は一度も出てこない。「一九九〇年代以降の政治の流れ」（一二頁）を問題にして「九三年政変」に触れないとは、呆れるほかない。今度は、二〇〇九年の民主党政権成立を「初といってよい本格的な政権交代」（七四頁）と評している。

少し厳しい批評となったが、今や共産党とその周辺の研究者のなかでは、現代日本を「資本主義」として明確に認識することがなくなりつつある好例である。渡辺氏らのグループについては、後藤道夫・木下武男著『なぜ富と貧困は拡がるのか』への、私の批判（『生存権所得――憲法168《イロハ》条を活かす』社会評論社）参照。

経済についての認識の後退は、例えば近年多少とも話題となっている「ベーシックインカム」――私はこの言葉が話題になる数年前一九九九年から〈生存権所得〉として提起していた――や「国際連帯税」についてほとんど論評できない体たらくに落ち込んでいる。「ベーシックインカム」は週刊誌でも特集されたり、新自由主義の経済学者でさえ憲法第二五条とリンクさせて問題にしているのに、「赤旗」ではまったく触れることさえない。どう評価してよいのか判断停止となっているからである。

第４節　共産党の憲法認識のあいまいさ

本節では、共産党の憲法認識について取り上げる。近年、安倍晋三首相による壊憲策動が強められ、その動向に反対する人びとのなかで「立憲主義」が好んで叫ばれるようになった。この動向を背景にして、共産党も「立憲主義」を主張するようになり、「赤旗」の常套句になっている。だが、共産党には「立憲主義」が根づいていないようである。

Ａ　憲法第一五条の無視

まず、昨今の政局(注)に目を向けると、森友疑惑や加計疑惑が連日報道されている。先日、国会でこんな答弁が起きた。

「私は公務員として、お仕えした方に一生懸命お仕えするのが仕事です」――これは、森友疑惑をめぐる国会審議で三月一九日の参議院予算委員会での財務省理財局長の太田充氏の発言である。自民党の和田政宗議員による「安倍政権を陥れるために意図的に答弁しているのではないか」という質問に対して、太田氏は声を震わせて応答した。和田質問は、麻生太郎副総理・財務相すら翌日の衆議院財務金融委員会で「軽蔑する」とけなすほどの暴言であったが、それよりもはるかに重大な問題がある。

憲法第一五条二項には「すべて公務員は、全体の奉仕者であつて、一部の奉仕者ではない」と明記されている。つまり、この発言は明確に憲法違反である。

だが、国会ではこの点を突っ込んで問題にする発言はなく、マスコミの報道でも強調点とはされていない（TBSニュース、五月二日などでは取り上げた）。先の場面を問題にする記事でも憲法第一五条には触れない（「東京新聞」三月三一日、「日本の岐路」編集局次長・金井辰樹氏）。共産党はどう対応したのか。この当日、共産党の小池晃書記局長は、太田答弁には触れず、和田質問を問題にして「法治主義がわかっていない」とコメントした（「赤旗」三月二〇日）。

もう一つ関連する動向を見ておこう。「赤旗」は、四月一〇日に日本国家公務員労働組合連合会（国公労連）が参議院議員会館で開催した「国民のための公務員制度めざす緊急シンポジウム」を一面下に写真入り、五面にこの集会の五人のパネリストの発言要旨を紙面三分の一で大きく報道した（四月一一日）。マスコミではけっして取り上げないから、この報道は貴重である。だが、この記事にも「憲法第一五条」は出てこない。いや、パネリストの前川喜平氏（文科省前事務次官、二〇一七年一月に不当にも退任させられた）は、「憲法にも、公務員は全体の奉仕者であると書かれています。それを一部の奉仕者にしてしまったのは政治の責任です」と核心を突く発言をしていた。だが、この前川発言要旨の見出しは「政治のいじめ極限」と付けられている。私なら「憲法第一五条歪める政治」とする。

なぜ、憲法第一五条の「公務員は全体の奉仕者」にこだわるかというと、このシンポジウムの主催者が国公労連だからでもある。もう三〇年も前になるが、一九八〇年代に自治体労働者をどのように認識すべきかが大きな論争になり、共産党は、憲法第一五条を根拠にして「全体の奉仕者」論を主張していた。共産党は、当時は「護憲」とは主張していなかったが、今では「立憲主義」を強調するようになったのだから、今こそそれを再説強調すべきではないか。

ところが、小池氏だけではなく、「赤旗」でもこの理論はまったく忘れ去られている。つまり、「立憲主義」とは言いながら、憲法を活かす＝〈活憲〉の視点がきわめて弱いのである。

ついでながら、憲法第一五条が軽視されている例はいくつも上げることができるが、例えば憲法をめぐって積極的に活動している弁護士の伊藤真氏の『伊藤真の明快！日本国憲法』（ナツメ社、二〇〇四年）には憲法第一五条は見出しにも索引にも本文にも出てこない。このように「立憲主義」を強調する勢力のなかでも憲法第一五条は軽視・無視されている。

憲法第一五条の決定的な意義は、明治時代の「大日本帝国憲法」と比較するとはっきりする。そこでは「天皇主権」の原理の下に、官吏は天皇の官吏としてだけ存在していた。天皇主権から国民主権へと大転換したことと合わせて、その具体化の一環として、「公務員」について、「全体の奉仕者」と明確にしたことは大きな意義があった。一九一九年に制定された「ワイマール憲法」の第一三〇条一項に「官吏は全体の奉仕者であって、一党派のそれではない」と書かれていた。

このように見過ごしがちな政局の一コマにも、憲法の意義を説くチャンスは存在する。だが、共産党などはそのことに気づかない。〈活憲〉の視点が欠如しているからである。

B　共産党は憲法をどう理解していたのか

少し歴史を振り返ってみよう。共産党は前記のように今でこそ、「立憲主義」を主張しているが、長い間、憲法をきわめて軽視していた。逆に、一九九六年に解党した社会党は「護憲政党」と自他ともに唱っていた。その頃は共産党は「憲法の民主的条項を守る」とは主張するが、「護憲」の二文字を忌避していた。共産党がたまに「護憲」と言うようになったのは、この社会党が解体した後である。

共産党の一九六一年の綱領では、憲法は「一面では平和的民主的条項をもっているが、他面では天皇の地位についての条項など……反動的なものをのこしている」と書かれていた。

七四年七月に宮本顕治が記者会見で「憲法五原則」を発表したが、これは公明党が前年の第一一回党大会で打ち出した「中道革新連合政権の提言」のなかの「憲法三原理」に対抗するものだった。

二〇〇四年に大改訂された綱領では「一九四七年に施行された日本国憲法」と成立年も書かれ、「一連の平和的民主的条項を定めた」と格上げされ、「天皇制の存続を認めた天皇条項は……弱点を残した」と説明されるように変化した。そして、「現行憲法の前文をふくむ全条項をまもり、とくに平和的民主的諸条項の完全実施をめざす」と明らかにされた。

とはいえ、二〇〇四年綱領では、憲法の条文はわずかに一つだけ「憲法第九条の完全実施」と書かれているだけで、「生存権」をはじめとして他の条項は登場しない。二〇〇四年綱領では憲法の施行年が書かれることになったが、五月三日とは書かない。共産党が創成された日は「一九二二年七月一五日」と綱領の冒頭に明記されている。つまり、憲法よりも綱領のほうが高い価値をもっていると考えているのである。相思相愛の夫婦なら、結婚記念日を憶えていて、自分の子どもに伝えるであろう。

昨年一月の第二七回党大会の「決議」では何と「憲法」が六八回も頻出するようになった。条文についても、一三、一九、二一、二三、二〇、一四、二四、四四、三一～四〇の各条に触れた（記載順。第一五条は出てこない）。したがって、「個人として尊重」「思想及び良心の自由」「表現の自由」「学問の自由」「信教の自由」「両性の平等」「法の下の平等」などの言葉が書かれることになった。

だが、共産党が今日なお憲法を軽視していることは明白である。憲法第一五条だけではない。第二七回党大会の半年後に開いた創立九五周年記念集会では、志位氏はまったく憲法に触れず、不破氏はわずかに敗戦直後に「『国民主権』を憲法に明記せよと最初から主張したのは、日本共産党だけでした」と話しただけである。今年二〇一八年一月末の「赤旗」九〇年の二面見開きの記事にも「日本国憲法には……国民主権の原則が明記されました」とか「9条改憲問題」と書かれてあるだけである。

他人事ではなく、私自身も憲法第一五条の重要性には今度はじめて気づいた。私は二〇〇九年に『生存権所得――憲法168《イロハ》条を活かす』（ロゴス）を著して、〈活憲〉（憲法を活かす）を強調した。憲法は一〇三条までだが、一六八条とは、第九条：戦争の放棄、第一四条：基本的人権、第二五条：

生存権、第二八条：勤労者の権利、第九二条：地方自治の五つの合計である。それらの重要性を強調するためにイロハと語呂あわせした。だが、この語呂あわせは利口ではなかった。その後、報道の自由が大きく問題になった時に、憲法第二一条の「表現の自由」を重要だと追記しなくてはいけなくなった。そして今度は第一五条である。

不正直になるのを避けるために付け加えると、私は一九八五年には「自治体変革の先導者へ――『全体の奉仕者』論批判」で、共産党の前記の見解を「階級対立をぼかす」ものと批判した（『変化の中の日本共産党』稲妻社、一九八六年、六三頁）。この批判は新左翼の水準にとどまる誤りであった。私は、二〇一〇年に「〈清廉な官僚制〉の創造を――ウェーバーの『官僚制』論を超える道」（『親鸞・ウェーバー・社会主義』所収）を書いて、タイトルにしたように〈清廉な官僚制〉の創造を強調した。

〈注〉この政局については、村岡到「〈隠ざん付〉による日本民主政の存在の危機」（季刊『フラタニティ』第一〇号：五月一日、の巻頭「政局論評」）参照。

第5節　社会主義をめぐる迷妄

A　呆れた暴論：不破哲三氏のローザ肯定

本論に入る前に、次の文章を読んでほしい。

「有名な女性革命家のローザ・ルクセンブルクは、一九〇五年にロシア革命が起きた時に書いた論文で、革命というものは自然発生的に起きるもので、革命を党が準備したりするのは邪道だと論じました」。

この文章を読んで、その通りだと肯定的に理解する人が日本共産党のなかにどれほど存在するのだろうか。新左翼の或る党派の活動家なら喜んだかもしれないが、今ではローザを読む読者はいない。著作集が刊行されると言われていたが沙汰止みとなった。「こんな意見は、自然発生性に拝跪するもので、自分たちは目的意識的に党を建設し、革命の道を切り開くのだ」と答える党員のほうが多いと思いたい。

この文章は、「赤旗」二〇一三年一一月二二日号に二面見開きで掲載された「『古典教室』を語る」なる鼎談のなかでの、党社会科学研究所所長不破哲三氏の発言である！　不破氏は、ただ一人八〇歳を過ぎて常任幹部会委員を勤続している。『古典教室』とは不破氏の新著。鼎談だから、あとの二人は、石川康宏・神戸女学院大学教授と山口富男・党社会科学研究所副所長。しかも、すぐに続けて「この点はレーニンにも本格的な研究はありません。長く科学的社会主義のうずもれた歴史の一つとなっていました」と話す。その「長くうずもれた歴史」に自分が光を当てたというのである。

レーニンについて、「本格的な」と用心深く形容しているが、もし、このローザの主張が正しいとすれば、レーニンもロシア革命も初めから「邪道」に落ち込んでいたことになる。

冒頭の文中の「準備」の語義が定かではないが、だれも夕ご飯や結婚式やマジックを「準備」することと革命を混同することはない。「準備」の代わりに、決定、指導、領導、先頭で闘う、切り開く、とさまざまな言葉を入れることができるし、それぞれの場面に応じて表現することが可能であり、かつ不適切な場合もある。九九歩譲って、この文章の後半に同意するとしても、その場合には、直続して「だが、革命のために党を意識的に建設する努力が必要で大切である」と付記しなくてはならない。

不破氏がこのローザの意見を「長くうずもれた歴史」のなかの卓見だと思っているとしたら、レーニン組織論に触れなくなったり、ロシア革命を忘失するのは当然である。不破氏がスターリンの悪行を暴くことに熱中する理由の一端もそこにある。これでは、共産党の存在意義は消失してしまう。

不破氏は二〇一二年二月から「スターリン秘史」なる二年に及ぶという連載論文を機関誌『前衛』に書いている。今どき、スターリン主義に関心を寄せる者が党内にそれほど存在するとは思えないが、なぜこれほど熱をあげるのだろうか。深層心理は掴みようがないが、恐らく一九五〇年代にスターリン主義問題で、新左翼に先を越されたことが深いトラウマになっているのであろう。「我こそが、スターリン問題の解明者だ」と言いたいのだろう。他になすべき課題はたくさんあるだろうが、「老害」の一つかもしれない。もう一つの動機が、ロシア革命の過小評価・抹殺にあるらしいことを、前記のローザ評価が示している。

まえおきが長くなったが、本題に進もう。

B「社会主義・共産主義の社会」とは何か

共産党が「社会主義」をめぐって迷路に落ちこんでいることを明らかにする。一九九一年末のソ連邦の崩壊の後、世界的に「資本主義の勝利と社会主義の敗北」が大流行となり、「社会主義」は死語に近い扱いとなった。大学の講座からも「社会主義」は消えてしまい、関連図書は売れなくなった。第1章第6節で引用した鶴見俊輔の言葉のように「外的な刺激に応じて……すべての陣営が大勢に順応」（本書、二九頁）してしまった。そんななかで、この四文字を使っている政党は共産党と新社会党だけである。だが、その内実は確定しておらず、混迷している。「社会主義革命」については、本章第2節で簡単に説明した（九八頁）が、ここでもその混乱は引き継がれている。

混迷の典型的な現れは、「社会主義・共産主義の社会」という新語の登場である。この新語は、二〇〇四年の第二三回党大会で改定された綱領の第五項のタイトル：「社会主義・共産主義の社会をめざして」として登場した。綱領では、「社会主義・共産主義の日本」とか、「社会主義・共産主義への前進」とも書かれ、「日本における社会主義への道」とも書いてある。その後の党大会の文書でも「社会主義の展望」（第二七回党大会での志位和夫報告、一〇〇頁）などとも書かれている。この点を検討する前に、前提的に知っておくほうが良いことがある。

もともと「社会主義」という言葉は一八二七年からイギリスで使われたと言われているが、(注)マルクスやエンゲルスの時代から、明確な区別はないまま「共産主義」とも混用して使われてきた。どちらかというと、「社会主義」は軟弱で、「共産主義」は硬派という理解も広がっていた。発展段階という視点から、「社会主義」を第一段階、「共産主義」を第二段階とする理解も、マルクスの『ゴータ綱領批判』やレーニンの『国家と革命』いらい定着している。

そういう曖昧な理解が放置されてきたなかで、共産党は「社会主義・共産主義の社会」と言い出した。この言い方はこれまでまったく使われなかったわけではなく、望月清司が一九七五年に『ゴータ綱領批判』の訳注のなかで「マルクスがその社会主義＝共産主義社会像をえがくのに」（六四頁）と使っていた（小さな異同はあるが）。また、不破氏は綱領が改定される五年前に著した『レーニンと「資本論」』（①、三二四頁）で使っていた。なお、綱領改定をめぐる過程で、「生存の自由」などを書き入れてほしいという意見が出たらしいが、不破氏は「わが党独自のもので、世間の常識になっているわけではありません」として退けたことがあった（『不破哲三との対話』一五九頁）。だが、「社会主義・共産主義の社会」は不破氏の「独自のもの」ではないのか。

新しく使い出したにもかかわらず当人が明確には説明していないので、どういう内実かは不明である。不破氏は二〇一四年に「日本・ベトナム理論交流」で「私たちも、ものをいうときに、いちいち両方（社会主義と共産主義）は使いません。舌をかみますから」（「赤旗」一月一〇日）と話し、笑いを誘っている（『どう理解』八〇頁）。誠にいい加減なことである。志位和夫委員長も一七年四月の講演「綱領セミナー」で「未来社会」を問題にしながら「社会主義・共産主義の社会」には触れない（『月刊学習』一七年一二月号、三六頁。後述の「全面発達」には言及）。そのために、すでに十数年経っているが、この言葉を使うのは、「赤旗」では不破氏と志位氏以外にはいないようである。党内外の研究者にもいない。最近の例では、今年二〇一八年の「新春対談」で志位氏の相手をした神戸女学院大学教授の石川康宏氏は、不破氏とも鼎談を繰り返している、いわば茶坊主のような役を尽くしているが、その彼さえ「社会主義・共産主義の社会」とは言わずに、「社会主義・共産主義」と違いを付けている。共産党系の研究者がこのような慎重な態度を取っていることには歴史的な理由がある。一九七七年に共産党は「社会主義生成期」論なるものを提起・主張した。第2節で触れたように、この理論は、ソ連邦などでのマイナス現象は生まれたばかりだから起きるという弁護論に過ぎないにもかかわらず、上田耕一郎副委員長によって「目からウロコが落ちた思いがした」と絶賛されていたのに、九四年に開かれた第二〇回党大会でお蔵入りされてしまった。この例に懲りて、自分の頭で考えることのない同伴者たちすらオウムの二の舞は避けるようになったのである。

この事実だけでも「社会主義・共産主義の社会」論が使い物にならない珍語であることは明白であり、しかも、その中身となるとさらに困惑させられる。いずれ「社会主義生成期」論と同じように消え失せるだろう。

余談ではあるが、近年、「革命」の語義は大きく崩れている。安倍晋三首相は盛んに「人づくり革命」などと乱発している。もっと前には「ＩＴ革命」も流行語だった。これらの場合には単なる大きな変化を意味するようである。

ところが、この現象と同じようなことが共産党の場合にも生じている。

二〇一四年の総選挙で、志位氏は外国特派員協会で記者と一問一答を行った。「日本共産党の躍進こそ、政治を変える力」という見出しで「赤旗」一面を使って紹介されている（一二月一〇日）。

そこに以下のような問答がある。

「問い　日本共産党の綱領の中に入っている社会主義革命を変えることはまったくないのか。……」

志位　まず、綱領のなかには『社会主義革命』という言葉はないんです。私たちは、権力がある勢力からある勢力に移行することを革命と呼んでいます。当面している民主主義的変革は、これは文字通りの民主主義革命です。それに続く社会主義への道は、私たちは『社会主義的変革』という言葉を使っています。これは民主主義革命を成し遂げた勢力が、さらに国民の合意を得て、次のステップに進んでいくということがありうるからです」。

この問答については、『日本共産党をどう理解したら良いか』で取り上げたので、引用記号は外して再説しよう。

まず、綱領には「『社会主義革命』という言葉はないんです」は誤りである。綱領の「四　民主主義革命と民主連合政府」の冒頭に「……社会主義革命ではなく」と書いてある。肯定的な意味ではと限定すればそう言えるから、志位氏の答は正しいように思える。だが、普通の語感からすれば、「変革」よりも「革命」のほうが大きな決定的変化を意味する。だが、このような常識を志位氏は備えていない。「民主主義的変革」よりも「社会主義的変革」のほうが小さな変化・出来事だと、彼は説明する。果たしてそうだろうか。

この常識的疑問に対しては、志位氏は答えている。「権力がある勢力からある勢力に移行することを革命と呼んでいます」〔A〕が、「社会主義的変革」の場合にはそうではない場合がある〔B〕からだというのだ。私は、この説明〔B〕には初めて出会ったが、納得できる説明だろうか。「そうで〔ある〕場合」には「社会主義革命」なのであろうが、妙な答である。問題は、〔A〕にある。〔A〕を前提として初めて〔B〕は意味をもつからである。

志位氏の答には完全に欠落しているものがある。〈生産関係の変革〉という内実である。理論書ではなく、記者との問答という性格を割り引くとしても、街頭演説ではない。志位氏の言う「民主主義的変革」とは、綱領に書いてあるように「資本主義の枠内で可能な民主的改革である」。「社会主義的変革」というのだから、資本主義＝資本制経済の枠を変革することを意味するはずである。綱領では「社会主義的変革の中心は、主要な生産手段の所有・管理・運営を社会の手に移す生産手段の社会化である」と説明されている。どうして、「枠内」に止まる前者よりも枠を変える（外す）後者の変化のほうが小さいのか。〈生産関係の変革〉という視点を少しでも考慮すれば、前記のような答とはならないはずである。つまり、〈生産関係の変革〉にはまったく触れずに、「権力の移行」にだけ着目するからこのような珍答となったのである。

だが、志位氏の珍答には根拠がないわけではない。『社会科学総合辞典』（一九九二年）の「革命」でも冒頭に「革命の根本問題は国家権力の問題であり」と書いてある。これがマルクス主義の通説である。『広辞苑』（第三版）の「革命」にも、「従来の被支配階級が支配階級から国家権力をうばい、社会組織を急激に変革すること」と説明されている。『社会科学総合辞典』では後半に「より高度の新しい経済的社会構成体にかえることを社会革命という」という説明も加えられている。志位氏は、この前半だけを憶えているのであろう。

記者との問答だから、志位氏の「権力」は「国家権力」のことだと置き換えて理解してきたが、「ある勢力」についてはこだわる必要がある。類似の言葉に「支配勢力」『支配階層』「支配階級」があるが、『広辞苑』すら使っている「支配階級」はおろか、「支配勢力」すら避けて、「ある勢力」とぼかすのは、マルクス主義――共産党用語では「科学的社会主義」――の本来の立場からしたら正しいのか。志位氏が「支配階級」と言わなかったことは、実は近年の私の主張（本書、一五一頁）に通じるとも言えるが、さらにもう一歩、「移行」に誤りがあることにまで気づくことが必要で重要なのである。

もう一つ、「それ〔民主主義革命〕に続く社会主義への道」も気になる。「に続く」と答えているが、実は、志位氏の〝上座〟に立つ不破氏は一一年前の綱領改定の際に、綱領からは「社会主義革命への転化の角度からの特徴づけをなくした」とか、「連続革命論的な誤解を残すような表現は、すべて取り除き」とまで強調した。この不破氏の説明に従えば、簡単に「に続く」とは言ってはいけない。

【なお、不破氏は、二〇〇三年に「民主的改革というのは行われる中身の特徴づけで、その中身を実行するための権力の移行を革命と呼んでいる」（『赤旗』六月二四日）と説明した（『不破哲三との対話』一五四頁）。何とも奇妙な説明である。「民主的改革」は「資本主義の枠内の改革」であり、政権の交代は経るだろうが、「権力の移行」が不可欠ではないはずである。そもそも「権力の移行」なるものが、前述のように不確かなのである。二〇〇九年に民主党の鳩山由紀夫政権が誕生したが、これは普通には「政権交代」というが、「革命」とは書かない。生産関係には何も変化は起きていないからである。

さらに、不破氏は、二〇一五年に民青主催の「科学的社会主義セミナー」での講義では、「私たちの綱領には……未来社会への道を開く社会主義革命にすすんでゆく、こういう段階的な革命の展望をたてています」（『マルクスと友達になろう』六四頁）と話した（『不破哲三と日本共産党』一三九頁～）。アララ、と絶句する以外にない。これは前記の「連続革命論的な誤解」ではないか。二年後に志位氏は「綱領のなかには『社会主義革命』という言葉はないんです」と答える【】。

私は、「支配階級から国家権力を奪取する」とする「革命」理解は、今日では決定的な誤りだと考える。「法の前での平等」と「主権在民」を基本原則とする〈民主政〉を政治制度とする社会は、それ以前の「階級社会」とは異なり、経済的に優位な階層は存在するが、「支配階級」も「被支配階級」も存在しないがゆえに、その社会の変革は〈則法革命〉として実現すると、私は考える。何が根本的に変革されるのか。〈賃労働と資本の関係〉を基軸とする生産関係が変革されることが核心である。この表現のほうが、綱領に書かれている「生産手段の社会化」よりも正確である。『広辞苑』では「社会組織」、『社会科学総合辞典』では「経済的社会構成体」とされているが、その核心は経済関係にある。（〈則法革命〉については繰り返し主張しているので、私の著作を参照してほしい）。――以上、引用。

【】は引用にさいして補足した。

不破氏による「社会主義革命への転化の角度からの特徴づけをなくした」という説明については、

『不破哲三と日本共産党』でも取り上げた（一四一頁）。

この点については、今年二〇一八年の「赤旗」元旦号新春対談での志位氏がさらに分かりやすく語っているので追記しよう。志位氏は、「資本主義社会と『地続き』のところにある未来社会」とまで語った。この「地続き」論と先の不破氏の「転化の角度からの特徴づけをなく」すとはバッティングするはずである。

さらに志位氏の場合には「未来社会論にこそ日本共産党の最大の魅力があります」とまで強調して、「すべての人間の自由で全面的な発達」が強調される。だが、この「全面的な発達」論は綱領から逸脱している。綱領には「社会のすべての構成員の人間的発達」とは書いてあるが、「全面的な発達」とか書かれていない。また、不破氏は「人間の自由を全面的に実現する未来社会」（九五周年講演）とは話すが、「すべての人間」とも「全面的な発達」とも書かない。小さな字句上の違いと思うだろうが、そこには大きな問題が潜んでいる（この問題は別論文、四二頁を参照）。

問題の核心は、〈生産関係の変革〉、別言すれば〈賃労働と資本の関係の変革〉という問題が完全に欠落していることにある。

未来社会については、もう一つ指摘しておいたほうが良い問題がある。マルクスの「青写真」問題である。不破氏は一九九〇年の第一九回党大会では、党内の「一部には『日本の社会主義の青写真』をという声もありましたが、こうした青写真は職場での対決をそらすものでしかない」（五九、六〇頁）と、奇妙な理屈で退けた。続く九四年の第二〇回党大会では「われわれは、未来社会の青写真づくりをこととするものではない」と報告し、『レーニンと「資本論」』では「マルクスは社会主義の青写真を描いたことは一度もなかった」（③、三六九頁）と強調した（『不破哲三と日本共産党』一四七頁～）。しかし、二〇〇三年八月に党本部で「『ゴータ綱領批判』の読み方」をテーマにした講義で、マルクスは「未来社会の詳細な青写真を描くことは決してしませんでした」と繰り返した。ここでは「詳細な」が加えられていることに注意する必要がある（『不破哲三との対話』一〇六～一一二頁）。馬と白い馬が異なるように、「青写真」と「詳細な青写真」とは違う。「青写真を描いたことは一度もなかった」は、完全に誤りだったのである。志位氏は「未来社会の詳細な設計図を示そうという『青写真主義』をとるものではありません」（第二六回党大会での志位和夫報告、一〇〇頁）と発言した。なぜ「青写真主義」なのか？

なお、不破氏は前記の講義では、テーマが『ゴータ綱領批判』なのに、不釣り合いにも『資本論』フランス語版に書かれた「協議した計画」を説明もなしに引用した（この問題については、『不破哲三との対話』一〇六～一一二頁、『どう理解』九二頁、参照）。

この「青写真」問題と関連して、人類の「前史」についても触れておく。周知のように、マルクスは『経済学批判・序言』で「人間社会の前史が終わる」と書いた。だが、マルクスはその後の時代については語らなかった。そこで、「前史」の後は「後史」とすべきか、「本史」が良いのかが論点になった。不破氏は「後史」とするが、私は梅本克己に学んで〈後史〉が適切であると繰り返し明らかにしている。「前史」を本来的ではない、抜け殻のようなものと認識すべきではないからである（『社会主義はなぜ大切か』一四三頁、『不破哲三と日本共産党』一五四頁〜参照）。日常会話でも「前後」とは言うが、「前本」とは言わない。

さらにこの「青写真」問題でのブレとも関連するのかもしれないが、もう一つ不明なことがある。不破氏は、二〇〇二年に党創立八〇周年の記念講演では「地球は資本主義のままでこの世紀をやっていけるかどうか、資本主義の存続の是非が問われる時代がきた」と話し、「ポスト資本主義」が問題になると提起した。この講演は『八十年史』の終わり近くで紹介されている（三三一頁）。この認識は、社会主義を遠ざける日頃の彼の言説とは不整合である。『八十年史』では、「『ポスト資本主義』の社会が、さまざまな立場の人びとからも摸索されています。……党が確固とした社会主義論をもって、あたらしい世紀をむかえた意義は、きわめて大きなものがあります」（三二四頁）と結論していた。「確固とした社会主義論」はいつの間にか消えうせたが、「社会主義・共産主義の社会」などという内実が不確かな区別立てに拘ることなく、〈社会主義像〉の内実を探究することが強く求められているのである。

なお、社会主義と宗教との関係についても共産党は大きな誤りを抱えているが、この問題については、昨年、『創共協定』とは何だったのか』で主題的に解明したので、本稿では省略する。〈社会主義と宗教との共振〉こそが活路である。

〈注〉 伊藤誠『現代の社会主義』講談社、一九九二年、二四頁。村岡「生存権と生産関係の変革」『生存権・平等・エコロジー』一六頁。

第６章　宮本顕治の凄さと時代的限界

はじめに

宮本顕治は、日本共産党の最高の指導者であった。一九〇八年に生まれ、二〇〇七年に九八歳で没した。来年（二〇一七年）が死後一〇年に当たる。私は一九四三年生まれだから、社会的意識が芽生えてから半世紀近くは同時代を生きたことになるが、私は遠くからでも宮本の姿を見たことはなく（もちろん、テレビでは見たことがある）、まったく別世界の人物である。彼は日本共産党の最高の指導者であり、私は新左翼の労働者活動家（近年は編集者）にすぎない。後でも触れるが、ただ一度だけ「接点」があった。八四年の共産党の赤旗まつりで、『週刊朝日』の記者が私が書いた共産党批判について、宮本に問いを発したら、宮本は「『あれはトロあがりの観察だよ』と笑い飛ばした」ことがあった（『週刊朝日』五月一八日。本書、六六頁、参照）。

宮本が亡くなって五年後に『宮本顕治著作集』全一〇巻が刊行されたが、今では共産党周辺でも宮本を思い出したり論じる人はほとんどいないだろう。それなのになぜ今、宮本顕治なのか。いぶかしく思われて当然である。しかも前記のように、私は宮本とはまったくと言ってもよいほど重なるところがないにもかかわらず。

だから、まずこの点について説明しよう。

今年（二〇一六年）七月末に「東京新聞」に掲載された権藤三鉉著『芥川龍之介論』の広告（七月二九日）のキャッチコピーに「心情的社会主義者」とあった。それで、この著作を買い求めて一読した。

私は半世紀以上も左翼運動に身をおいているが、文学にはほとんど関心がなく、例外として、一九九一年初めに李恢成の『見果てぬ夢』全五巻（講談社文庫）を一週間で読破したことがある程度である。なぜ、この時にこの長編小説を読む気になったのか、記憶が定かではないが、「土着の社会主義」という言葉にビックリマークが付けてある（第五巻、二三七頁）。ついでながら、その直後に、「深く感動しました」と手紙を差し上げ、この一度だけ李さんと吉祥寺駅前の喫茶店ルノアールでお会いした。その時に、運ばれた紅茶のカップが持ち手の部分で割れて着衣を汚したら、李さんは即座に「韓国（朝鮮かも?）では茶碗が割れるのは善いことの前兆とされています」と言われた。その後、お酒をご馳走になった。彼の高校時代のことを話されたように憶えている。

話を戻そう。私は、権藤氏の著作を読んで、芥川が「心情的社会主義者」であることを教えられた。このことに触発されて、私は宮本に「敗北の文学」という論文があったことを、その中身が何かは知らないまま思い出した。それで、図書館で『宮本顕治著作集』第一巻を借りて、「『敗北』の文学」を初めて読んだ。芥川批判がテーマだった。これまた衝撃的であった。その中身は後述するが、私は文学というものの大切さを理解しなくてはいけないと気づいた。文学とは何なのか、人間と文学、社会主義と文学、などの問いを意識するようになった。とはいえ、すでに古稀を三年も経て、今さら誰のものにせよ膨大な文学作品を読み通す余裕はない。ならば、新しいことに口出しすることは禁欲すべきかもしれない。

しかし、「『敗北』の文学」に続いて同じ巻に収録されている宮本の他の論文を斜め読みしてみると、獄中一二年を耐えて、共産党のトップの指導者となった宮本の生き様の一端が強く深く胸を打ち、いくつかのことが脳裏に浮かび上がった。その軸にあるものは、共産党をどのように評価したらよいかという問題である。それで本稿を執筆することにした。

第1節　「心情的社会主義者」芥川龍之介

芥川龍之介は、一八九二年（明治二五年）生まれ、第一高等学校（一高）から東京帝国大学に進み、在学中の一九一五年（大正四年）に短編集『羅生門』を発表いらい小説家として執筆活動を続け、二七年（昭和二年）に服毒自殺した（享年三五歳）。『羅生門』は、窮地に落ち込んだ人間が生き抜くための「エゴイズムの醜さ」を克明に描いた作品と高く評価されている。晩年の代表作は「河童」

とされている。
権藤氏は、芥川の多くの小説を詳細に分析し、芥川を「心情的社会主義者」だと評価している（八八頁、一〇八頁など）。芥川の東大での卒論は「ウィリアム・モリス研究」だった（一一一頁）。芥川は、一九二五年に友人に宛てた手紙で次のように書いた。

「小生はせかちな革命家には同情しません……ソビエト・ロシアが採ってきた資本主義的政策（ネップ時代――筆者〔権藤〕註）を知っている筈です。〔それを必要とした：筆者〕レーニンの衷情を知っている筈です」。

「我々は皆根気よく歩みつづけなければなりません」（一〇六頁）。

註にある「ネップ」とは二一年にレーニンが導入した「新経済政策」である。芥川は、一歩後退とされる政策に転換したことを「レーニンの衷情」として捉える。芥川はレーニンをどのように理解していたのか。権藤氏は、駒沢喜美氏の『芥川龍之介の世界』（法政大学出版局）から「芥川は、レーニンを……矛盾の唯中を情熱的に歩みつづけている英雄として見あげている」と引用している（八六頁）。

権藤氏の作品評価については、文学の素養のない私には判断できないが、ここに描出されている芥川像は、強く胸を打つ。

なお、ウィキペディアでは、芥川の説明で「社会主義」の四文字はどこにも記されていない（『人間失格』で有名な太宰治については「マルキシズムおよび左翼運動に傾倒してゆく」と一言ふれている）。

第2節　宮本顕治の「『敗北』の文学」

この芥川を対象として批判的に論評したのが、宮本顕治の「『敗北』の文学」であった。宮本は、一九〇八年（明治四一年）に山口県で生まれた。貧しい家で育ったが、松山高等学校に進学し、二八年に東京帝国大学に入学。東大在学中の二九年（昭和四年）に「『敗北』の文学」で雑誌『改造』の懸賞論文に小林秀雄を抑えて当選した。『改造』は、一九年に創刊された、社会主義的な評論を多く掲げた総合雑誌である（五五年に廃刊）。

宮本は、一九三一年に日本共産党に入党し、日本プロレタリア作家同盟に加盟。翌年に地下活動に入る。その翌年末、街頭連絡中に逮捕され、敗戦の年四五年一〇月に釈放されるまで一二年間も獄中生活を強制された。出獄後に、共産党の活動に復帰、五〇年分裂を経て、党の指導的幹部として活動を重ね、書記長、幹部会委員長、議長を歴任した。七七年には参議院議員になった（二期一二年）。九七年の第二一回党大会で現役を退いた。

「『敗北』の文学」の中身に移ろう。宮本は何をどのように明らかにしたのか？　ここでも作品評価については論究できないが、宮本は、芥川の小説を網羅して取り上げている。

宮本は、芥川を「ブルジョア文芸史に類稀な内面的苦悶の紅血を滲ませた悲劇的な高峰であると言えるだろう」（『宮本顕治著作集』第一巻、二二頁。以下、『著作集』と略）と高く評価し、「『さまよえる』

過渡期のインテリゲンチャ」（二二頁）と評している。その上で、「氏の文学に向かってツルハシを打ちおろさなければならない」（二四頁）と鋭く批判した。

同時に結論では、芥川の「後世の士は我々の謬りを咎めるよりも、むしろ我々の情熱を諒としてくれるであろう」という言葉を引いた上で「こういう言葉に息苦しい闘いの栖を求めた芥川氏の姿は、なにか惻々として我々を打つではないか」（四九頁）と深い理解を示した。今では「そくそく」などと書くことはないが、『広辞苑』では「いたましいさま、悲しみいたむさま」と説明されている。

その上で、宮本は続ける。

「だが、我々は如何なる時も、芥川氏の文学を批判し切る野蛮な情熱を持たねばならない。……『敗北』の文学を――そしてその階級的土壌を我々は踏み越えて往かなければならない」。

これが、この論文の結びである。「批判し切る」は傍点付である。

私は、宮本の大きさに深く感動した。驚くべきことに、これだけのことを書いた宮本は、弱冠二〇歳だった。これだけでも彼が凄い人間だと分かる。

次に、「『敗北』の文学」執筆の動機は何だったのか。

宮本は、一九八〇年に『宮本顕治文芸評論集』第一巻の「あとがき」で、「『敗北』の文学」に触れ、「当時の私を日常的にとらえていたものは、社会科学――マルクス主義の示す理性的な方向とインテリゲンチャとしての過渡性の問題、そこにある矛盾とその追究、打開の問題であった」（『わが文学運動論』八頁。以下『文学』と略）と書いている。

この二年後には、宮本は、大幡基夫日本民主青年同盟委員長を相手に次のように述懐している。

「芥川龍之介が死んだとき、私は高校三年だったかな、一九二七年ですね。……『或る阿呆の一生』という彼の遺作には〝背の短いロシア人〟というかたちで、レーニンのことを書いています。現実をもっともよく知っている人間だけれども、もっとも理想に忠実だった英雄として書いていているんですね。彼にはそういう……時代的関心もあった。それが私が芥川論を書く一つの動機になって、結局、芥川は時代に負けたんだ、生きぬけなかったという立場で「『敗北』の文学」を書いたんです」(『回想の人びと』一九三頁、以下『回想』と略)。

このインタビューは「たまたま私はそういう点では数奇な運命にめぐりあって（笑い）」と結ばれている（一九六頁）。

「数奇な運命」については、後でもう一度ふれることにして、さらに「『敗北』の文学」の執筆の背景、というか当時の宮本の生活についても見ておこう。

前記の「あとがき」の引用に続けて宮本は自身の生い立ちについても語っている。以下では引用符号は省いて要約する。宮本は、一九〇八年に山口県の寒村に生まれた。家は米穀肥料商をしていたが、第一次大戦の恐慌で破産し、中学生の時に、タンスなどが差し押さえられるのを目撃している。一六歳で松山高校に入学し、文学や社会科学の本を良く読み、社会科学研究会を組織した。二八年に東京帝国大学経済学部に入学した。親戚の家に下宿して通学した。普通に下宿するには毎月四〇円は必要だったが、そうはできなかった。『改造』の懸賞金は三〇〇円で、それを獲得するのも「執筆の動機の一つだった」。二九年の春休みに友人から芥川全集を借りて、彼の家が所持していた山荘で読破し、帰京して「『敗北』の文学」を書き上げた（九頁〜一一頁）。

この長大な「あとがき」の最後に、前記の「数奇な運命」と同様の言葉を使って、自身の歩みを次のように記している。

「私は戦後、当時はちょうどせいぜい中隊長クラスのものが、師団かあるいは全軍の指揮をやらされたようなものだといったが、これは単なる冗談ではなかった。自分で希望したのではないが、運命のめぐりごとによって、私自身まだ満二十五歳ぐらいではからずも歴史の重責を負わされ、悪戦苦闘したというのが、いつわらざる心境であった」（『文学』一六四頁）。

続いて、こうも書いている。

「『「敗北」の文学』の結びの言葉――『「敗北」の文学を――そしてその階級的土壌を我々は、踏み越えて往かねばならない』〔一四〇頁の原文と異なる〕という言葉を、自分は実践することができたと、獄中の日々のある日、心の中でつぶやいたことを、今も記憶している」。

ここで、当時の時代的背景をごく簡単にでも知っておくほうがよい。一八六八年の明治維新によって、徳川時代の幕藩体制から近代国家に転換した日本は、一八八九年（明治二二年）に明治憲法を制定して天皇を主権者とする国家体制を創り上げ、日清戦争、日露戦争を経て、軍国主義を強め、一九二五年には普通選挙と合わせて治安維持法を制定して、労働運動や左翼運動を徹底して弾圧した。二二年に創成された日本共産党は初めから非合法であった。宮本は、この「あとがき」で奥平康弘氏の研究から「治安維持法による検挙者は、一九三一年の一〇、四二二名から一九三三年の一三、九三八名、一九三三年の一四、六二二名と著しく増加している」と明らかにしている（『文学』三七頁）。よく知られているように、『蟹工船』で有名な小林多喜二は三三年に拷問によって殺された。四五年には市川正一、戸坂潤、三木清も獄死した。宮本の場合には、自身で回想しているように、逮捕直後に「大腿部を集中的に樫の棒で乱打されて、歩いて監房に帰れなかったことがある」（『回想』一五四頁）。「拷問だけでなく、留置所でも手錠をかけられたり、そのほかにも二カ月間足錠をかけられ」た（『文学』二八四頁）。

そういう過酷な環境の下ではあったが、宮本の要求によって、「裁判所も結局、公判のために、当時外部〈娑婆〉では読めなかったマルクスとか、エンゲルスとか、レーニンとか……の差し入れを認めざるをえなかった。……『資本論』も初めて監獄で読み通すことができました」（『回想』一三〇頁）。そして、宮本は、日本の敗戦を確信し、看守にもそう話し、看守も宮本に意見を求めたりした（同、一五五頁）。戦争末期には娑婆でも、口には出せないが、「敗戦」と感じ取っていた人は少なくなかった。

この過酷な弾圧を、宮本は完全黙秘を貫いて敢然と跳ね返したのである。

ここに寸描しただけでも、身が引き締まる思いである。三度逮捕され、わずかに一年三カ月だけ拘留されたにすぎない私には拷問の体験もなく、沈思黙想するほかない。戦後になって、平野謙など「『転向』の賛美者たち」は、宮本らの〈非転向〉の闘いについて「人間的深みがないために要するに鈍感だったのだ、式の放言に走」(『文学』一五五頁)ったというが、ただ呆れるほかはない。

第3節　宮本顕治の懐の深さ

ここまで読み進んできた人は、私が『宮本顕治著作集』第一巻の他に、『わが文学運動論』と『回想の人びと』も読んでいると分かっただろうが、私は宮本の著作はこれまでこの二冊と『日本革命の展望』『宮本顕治対談集』『宮本顕治対話集』『人生・政治・文学——宮本顕治対談集』を読んだだけである。もう一冊『宮本顕治の半世紀譜』なる著作も読んだ。これはデパートでネクタイを買ったとか、息子が可愛がっている犬の名前まで記録してある珍しい行動記録である。『日本革命の展望』は、一九八〇年に交流していた党員が「にっかくてん」(日革展)と言いながら薦めてくれた。『わが文学運動論』と『回想の人びと』は、一九八三年と八六年に読んでいた。この二冊は、一昨年にも再読して、『日本共産党をどう理解したら良いか』でもいくつか引用した(後述で☆印で示した)。

改めて再読すると、一九八〇年代前半までの宮本の活動と思想がよく理解できる。結論を先に言えば、宮本は前記のように剛毅であると同時に、実に柔軟で懐の深い指導者である。政治的課題との格闘については、別な文脈で解明したほうが良いだろうから、本稿の範囲でピックアップするだけにしたい。

第一に、宮本は、一九二〇年、三〇年代の自らの文芸批評やプロレタリア文学運動について、その弱点の存在をはっきりと反省している。いくつか引用しよう。

「あの当時のプロレタリア文学運動というのは、先駆的役割を果したけれども、まだ国際的にコミンテルンその他の情勢判断の制約の影響もあるし、日本の運動の未熟さやわれわれ自身も未熟なところがあって、作品の見方その他の批評に非常に硬直したところがあったと思う」(『回想』一九五頁)。

「一九三一年の後半、「唯物弁証法的創作方法」論以後の〔自身の〕作品論などは、機械論が目立って、自分で読んでも苦痛である」(『文学』二七頁)。

「地下活動に入って半年ぶりに〔三三年一〇月〕」、「野沢徹のペンネームで書いた」、「念願だった政治と芸術に関する論文「政治と芸術・政治の優位性に関する問題」について、「今日からみれば重大な歴史的限界とそれに関する弱点や欠陥をもっていた」(同、三一頁)と反省。

「プロレタリア文学運動が……〔全ての活動の〕『ボルシェビキ化』までスローガン化したのは、誰もあやしまなかったにせよ、当時としても行きすぎた誤りであった」(同、五〇頁、六五頁も)。

当時の左翼運動は文学運動の枠を超えても同じ弱点を抱えていたのだが、宮本は、戦前の運動について「社会民主主義の潮流の中にも、一部ではあったが、戦争に抵抗する翼の分化があったことも事実である。こうした全体をみようとしなかった弱点」があったと反省している(『文学』二四頁)。☆

宮本の文章を読んでいると、「過渡時代」とか「多様性」というキーワードがよく使われていることに気づく。「過渡時代」は、「過渡期のインテリゲンチャ」「過渡的インテリゲンチャ」「インテリゲンチャとしての過渡性」とともに「『敗北』の文学」にも出てくるし、二九年には論文のタイトルに「過渡時代の道標――片上伸論」と書いた。「多様性」は、この「過渡時代の道標」で「歴史の現実は、無類の多様性によって」（『著作集』六一頁）と使われている。一九八三年の「赤旗」元旦のインタビュー「マルクス、多喜二のこと」では「科学的社会主義の実践の多様性」(『回想』六四頁)と話している。このような言葉づかいに、文学者でもあった宮本の人間的な深さがよく表現されている。多様性を認めることは、ほぼ同時に「可謬性」を知ることでもある。宮本はこの言葉は使わないようだが、レーニンの一九二一年の短文から「われわれが失敗や誤りを実際にたくさんやったし、いまもたくさんやっていることを、われわれは、かたときも忘れない」を引いている(『文学』一六〇頁)。

また、宮本は、敗戦の年三月に栄養失調で獄死した市川正一を追悼して「心やさしき革命家」と題する一文を一九七五年に『文芸春秋』に寄稿している。宮本は、その一文を「その親思いの深さを感じる」と結んでいる(『回想』八五頁)。

宮本は前記の青年とのインタビューで、「政治闘争というのは、科学的な立場からいえば階級闘争の中心ですね」とした上で、「同時に文学とか、芸術というものも人間を豊かにする人類の伝統ある社会活動なんで、結局、各自が才能に応じて自分の部署を選べばいいんですね。才能ある作家や評論家がなにもそれをやめて一律に党の専従〔活動家〕になることが、政治の主導性ではない」(同、一九六頁)と教えている。

第二に、宮本は、政治的問題で袂を別った人たちへの評価において、優れた姿勢を貫いた。その典型は、一九七五年に一般誌『文芸春秋』に発表した「離反者たちの共産党論議」の最後の一句である。分裂・離党した同志を何人か実名であげて批判したこの論文で、『新日本文学』の編集長だった花田清輝について、「当時、彼の文学運動での立場は私と大いに異なっていたが、彼がなお一つの公的機関の代表としての一定の公正さを保持しようとしていたというそのときの印象まで、消し去ろうとは私は思っていない」（『文学』二七二頁）。☆

同じ配慮は、中野重治に対しても、彼が一九三二年に逮捕された時に「フラクションの他の人びとの名をあげるようなことはしなかった」として示している（『文学』一〇一頁）。

宮本のこの公正な態度については、私は、中央委員だった広谷俊二さん（一九七七年に除名された）からこんな話をうかがったことがある。八〇年を前後して、私は鈴木市蔵など離党した年輩の人たちが集まっていた「一点の火」――燎原を焼きつくすの意図から命名――という集まりに関わったことがあり、広谷さんの家を訪ねた。広谷さんは自身の除名について語りながら、その時の会議での宮本の態度について、広谷さんを必要以上に咎める意見に対して、党の規約を基準に行き過ぎた非難については、「それは必要ない」と退ける態度を貫いたと教えてくれた。除名された人の言葉だから、私は重みをもって記憶した。

鈴木市蔵さんとは、家が近い時期があり、その頃よくお宅を訪ねて囲碁を教えてもらったりしたが、彼から宮本の悪口を聞いたことはなかった。ただ、宮本は将棋を指していて敗勢になると、差し手を止めてじっと待つという。相手が「時間がありませんから今日はここまでに」と言うと、「そうか」と応じて、決して負けない、と話してくれたことがあった。「一点の火」のメンバーのなかには「ずるケン」（狡い顕治）とつぶやく者もいた。

また、明治時代の文豪・志賀直哉は断るまでもなく党員ではないが、彼は小林多喜二の死を知って、日記に「アンタンたる気持ち」になったが「不図彼等の意図、ものになるべしといふ気がする」と記した。宮本は、このことを摘出して、さらに、志賀が、「多喜二の母に心のこもった弔文をよせたということは、日本文学史のきわめて光彩ある一ページです」（『文学』二二五頁～二二六頁）と印象深く記している。☆

この姿勢は、党内で激しく争った党員に対しても発揮されている。宮本は、五〇年分裂を収束させる出発点となった一九五八年の第七回党大会について次のように書いている。

「分裂のどちらの側にあったにかかわらず、多くの党員の心が深く傷ついた。……大会は苦悩し失望して党を去った人びとへの復帰を求める心からの呼びかけを発表した。多くの人びとが党の戦列に復帰したが、それにいたらなかった人びとに対しても、それを誰も責めることはできないだろう」（同、二五三頁～二五四頁）。☆

ここで本稿の冒頭で触れたエピソードについて書き加えることを許してほしい。この件については、前に書いたことがあるので、引用しよう（本書では一二行を省略。本書、六六頁）。

今から考えると、この時に、もう一歩踏み込んで共産党との対話を直接にでも求めるべきではなかったかという反省が脳裏に去来する。その思いも、本稿を執筆する動機の一つである。
私のことなどはさておくとして、私は改めて宮本顕治の存在の大きさを実感した。まさに宮本の存在ゆえに、日本共産党は風雪に耐えて日本左翼の主軸の位置を獲得してきた。宮本がきっぱりと断言しているように、戦前の「日本共産党が……民主日本の建設と社会主義革命を展望する大義を守ったことは、日本の進歩のための闘争の不屈の業績に属する」（『文学』一六二頁）。鶴見俊輔が「北斗七星」に譬えた通りである（同、一五七頁）。☆
そして、五〇年分裂や中国・ソ連邦による理不尽で大きな干渉を跳ね返すことが出来たのは、宮本の指導力の故である。今や、共産党は〈日本市民の共同の橋頭保〉となっている〔この認識に到達するのに三八年かかった――本書収録時の追記〕。中国派、ソ連派、そして新左翼諸派は、すべて姿を消すか、衰退している。二〇一六年七月の参議院選挙で「野党共闘」を主導したのは共産党であり、本稿執筆中にマレーシアのクアラルンプールで開催されている「アジア政党国際会議」に出席して演説しているのは、共産党の志位和夫委員長である（「赤旗」九月四日、一面トップ）。この厳然たる事実を直視しなくてはならない。
この事実にしっかり踏まえた上で、その大きなプラス面の裏側に存在していた（いる）これまた大きなマイナス面についても直視・切開する必要がある。物事は大抵は表裏＝是非＝善悪が混然一体となっている。だから分析が大切なのである。私が敬愛する哲学者・梅本克己は、「否定面の理解をともなわぬ肯定が弱いものであるように、肯定面の理解をともなわぬ否定は弱い」（『マルクス主義における思想と科学』三一書房、一九六四年、一三〇頁）と注意していた。

第4節　宮本顕治の時代的限界

これまで明らかにしてきたように、宮本が剛毅で有能な革命家であったことは動かしがたい事実である。だが、同時に大きな時代的な限界も背負っていた。

第一の限界は、「階級闘争」の呪縛に囚われていたことである。「階級闘争」とは、言うまでもなくマルクスの『共産党宣言』冒頭の「歴史は階級闘争の歴史である」に習って、自分を「左翼」と位置づける多くの人が今日なお正しいと信じて疑わない認識である。この言葉に続いて、ブルジョアジー独裁、暴力革命、プロレタリアート独裁、という三位一体の用語が説かれる。レーニンの場合には「『国家と革命』の第一章第一節のタイトルを「階級対立の非和解性の産物としての国家」とし、「階級闘争の承認をプロレタリアートの独裁の承認に拡張する人だけが、マルクス主義者である」（『レーニン全集』第二五巻、四四四頁）とまで強調した。「階級国家」論である。

戦後の共産党は、一九六一年の綱領いらい、この三位一体の教条をなし崩しに廃棄した（「敵の出方論」に典型的なその曖昧な処理過程については、本稿では省略する）。

「階級」を含む言葉を連想ゲームすると、「支配階級」「ブルジョア階級」「労働者階級」「階級支配」「階級社会」「階級関係」「階級性」「階級的憎悪」「階級的烙印」「階級的視点」「階級的立場」「階級的意識」「階級文化」「階級的道徳」がすぐに思いつく。法学者は「法の階級性」を強調する。これらはみな左翼活動家にとっては、必要で正しいものとされてきた。

すでに引用したように「『敗北』の文学」の結びには「階級的土壌」と記され、少し前には「階級的烙印」とある。宮本は、一九三一年に書いた「文芸時評」で「五　階級的憎悪感について」と節を立ててその必要性と正しさを詳論・強調した（『著作集』一五一頁～）。続けて書いた同年の「ブルジョア作家批判のために」では、二四頁のうち「階級」が書いてない頁は五頁だけという「階級」の乱発・大安売りであった（同、一七五頁～一九八頁）。

私がグスタフ・ラートブルフに学んで何度も主張しているように、近代の民主政では「階級支配」はなくなったのである（ここでは説明は省略する）。

難しい理論的説明ではなく、言葉の使われ方を例示しよう。

労働運動において総評が解体され、連合が創られる時期に、共産党系では全労連が一九八九年に結成され、それは「階級的ナショナルセンター」とも呼称されていた。だが、その「規約」には「階級」とは一言も書かれていないし（二〇〇〇年七月に改正）、そのホームページでも使われていない。共産党の綱領には「労働者階級」が二回、「階級的利益」が一回だけ出てくるが、今や、「赤旗」では、前記の三位一体の三つの用語はもちろん、「階級的××」は探し出すことは出来ない。その代わりに、近年は「立憲主義」「個人の尊厳」が頻出し、さらに「法の支配」までが登場する。不破哲三氏の場合には、「階級」はなお使われているが、「階級闘争」は使用禁止らしい。二年前の『マルクスと友達になろう』では「政治を動かす支配階級」などと、「階級」を強調していながら、なぜか「階級闘争」とは言わない。

真正面から論じることになると、この節の初めに確認したように、『共産党宣言』にまでメスを入れることになるので、誰も明らかにしないが、以上の確認のように、現在では「階級闘争」も「階級的」も死語に近い扱いになっている。私は、〈格差社会〉と表現するのが適切だと考える。

だが、宮本は、当然ながらレーニンは基本的に正しいという立場に立っていた。彼は、前記のように治安維持法による弾圧の時代を生きてきたのである。

敗戦をまたいで数十年の後、二〇〇〇年の正月に不破氏は「レーニンはどこで道を踏み誤ったのか」とまで主張し、共産党周辺だけでなくマスコミまで驚かした。週刊誌『アエラ』が「不破氏の今どきレーニン批判」なる記事を載せ、「レーニン批判は、宮本顕治名誉議長にも報告したのですか」と質問したら、不破氏は「もう引いた人ですから」と冷たく答えた(『不破哲三と日本共産党』一二一頁)。「宮本さんも同じ考えです」とは言えなかった。この時、宮本は九一歳だったが、理論的判断力を低下させていたのかもしれない。不破氏と宮本の距離だけでなく、時代が大きく変化したことを、このエピソードは物語っている。

第二の限界は、「生産力主義」に陥っていたことである。この言葉は、否定的なレッテルとして他者を批判する時に発せられるだけで、肯定的にこの言葉を使って主張する人はいない。宮本は一九八一年に「共産党員の人間像、これからの世界と日本」で、「共産主義の社会というのは、物が無限につくられる……物が無限に豊富になれば」と語っている（『回想』一三九頁）。

この認識は、マルクス（主義）が強調する「唯物史観」の基本テーゼ：「生産諸力と生産諸関係との矛盾」なる教条を基礎にして、「泉が湧き出るように」と形容されて、好まれている。

だが、「成長の限界」や「地球環境の破壊」が「ローマ・クラブ」の先駆的認識によって明らかになっている今日では、首相の経験もある細川護熙氏すら二〇一四年の都知事選挙の街頭演説で「経済成長至上主義」の限界と誤りを説いている。

ところが、共産党は、長く「生産力主義」に陥っていた。その故に、原発についての認識が甘くなり、脱原発運動のブレーキになっていた。だが、共産党は、二〇一一年の３・11東日本原発震災に直面して遅ればせながら「原発ゼロ」と主張を転換した（「脱原発」とは別な言葉を使い出すところに限界がある）。この転換のおかげで、新左翼勢力は、次に取り上げる「スターリン批判」の場合とは異なって、共産党を批判するネタを失い、さらに失速・衰退することになった。

しかし、共産党は原発政策を手直ししただけで、脱原発を実現するために、細川候補支持までは踏み切れなかった（今年の参議院選挙での「野党共闘」はその反省も作用しているに違いない）。そして、根本にある唯物史観の限界を根本的に再検討するには至っていない。

第三の限界は、「一国一前衛党」論に縛られていたことである。戦前の非合法という過酷な条件の下では止むを得ない制約として理解すべきかもしれないが、敗戦後に合法化された後も、宮本はこの理論の枠を突破することはできなかった。共産党は一九八四年に、「科学的社会主義の原則と一国一前衛党——『併党』論を批判する」という無署名論文を発表していた。これは党の周辺でソ連邦共産党の影響下で別党が画策されていたのを牽制するためである（この論文に対して、私は直ちに「『一国一前衛党』論の誤り」で批判を加えた。『不破哲三との対話』に収録）。

さらに一九九〇年の第一九回党大会で宮本は、「複数前衛論を主張する人たちがでてきています」と報告した。もちろん、誤りとしてである。この大会前の党内討論において、複数前衛党論を支持する意見が四通、分派の容認が一〇通、党内討論欄の常設要求が三〇通も『赤旗評論特集版』に掲載された（当時も現在も複数前衛論を明確に主張しているのは私だけである。『前衛党組織論の模索』参照）。

「一国一前衛党」論に縛られることの弊害は、自分たちだけが正しい前衛＝正統派で、その他の党派は「ニセ左翼」と論断し非難するセクト主義に陥ることとして現れる。共産党が「独善の党」として嫌われるのはそのせいである。視野をロシア革命以後の歴史に広げると、スターリンの路線や活動を擁護し、その誤りに気付くことなく無批判的に迎合することになる。同じことだが、スターリンによって追放・迫害されたトロツキーや彼につながる活動をまともに見ることが出来なくなり、排除することになる。典型的には、一九五六年のソ連邦共産党第二〇回大会での「スターリン批判」を理解できず、この年一〇月のハンガリーへのソ連邦軍などの軍事介入を批判できずに擁護した。そして、まさにこのことが、新左翼運動の発生の大きな契機となったのである。

新左翼運動は党外での新しい動向だったが、それが定着・成長した後、一九七〇年代の初めには、さらに党内の学生党員のなかで、新左翼運動との対抗関係から新しい傾向が生じた。この傾向は「新日和見主義」と命名されて党中央から批判を浴び、「退治」された。宮本の判断と指導によるとされる、この「新日和見主義」退治は、その後の党の歩みに世代的空白を生み出すことになってしまった。

ところが、前記のように、「一国一前衛党」論を強調していたにもかかわらず、共産党は二〇〇〇年の第二二回党大会で「規約」から「前衛」規定を削除してしまい、以後、私が一貫して批判しているように、組織論を説けなくなってしまった。

近年、不破氏が『スターリン秘史』の執筆に熱中して六巻もの著作をものしたが、それは恐らく、一九六〇年を前後する時期に、「スターリン批判」問題で新左翼に後れを取ったことがトラウマとなっていて、その穴埋め作業に違いない。だが、すでに私が批判を加えたように、一九三〇年代のドイツにおける「社会ファシズム批判」の歴史的誤りをテーマとしながら、スターリンにもっとも先鋭に対決したトロツキーには触れないお粗末な「研究」にすぎない（『不破哲三と日本共産党』参照）。この点では、今やレーニンを「マルクス本来の立場を完全に誤解した」（「赤旗」二〇一四年六月一二日）と「批判」する不破氏（『日本共産党をどう理解したら良いか』九四頁）も依然として宮本と同じ水準に止まっている。

むすび

最後に、共産党の抜本的な飛躍を切望する立場から、四つの課題を提示したい。その前に、党勢の後退という現実を直視する必要がある。「赤旗」は七月、八月と連続して計四万二四八九部も読者を失なった。読者数の絶対数は公表されないが、一一〇万部くらいに下がったのではないか（一四年の第二六回党大会では一二四万一〇〇〇部と公表されていた）。ピークの三〇％である。入党者も八月は「入党決意が二〇〇人強」で「第二六回党大会後で最少となりました」（「赤旗」九月三日）。高齢で死亡する党員もそれに近い。

本稿との関連で追加すれば、共産党は、一九六九年にプロレタリア作家の小林多喜二と宮本百合子を記念して、多喜二・百合子賞を創設した（年に一度）。だが、残念なことに、二〇〇五年をもって休止されてしまった（『日本共産党をどう理解したら良いか』九八頁）。文学活動の停滞を現している。

四つの課題を項目だけあげよう。

第一は、綱領の抜本的改訂である。「階級闘争」路線と決定的に決別して、民主政の歴史的意義を明確にして、憲法の活用＝〈活憲〉と改正の方向を明示しなくてはならない。

第二は、参議院選挙で主導した「野党共闘」路線を確固として堅持し、共産党が野党第一党に成長するまでは、野党第一党が主導する政権を〈閣外協力〉する戦術を選択しなくてはならない。政権構想としては、〈脱原発・対米従属脱却政権〉が目指すべき方向である。

第三に、社会主義への志向性を明示する必要がある。そこにこそ、他の野党政党との根本的違い＝歴史的使命が存在する。

第四に、「赤旗」を徹底して開かれた、日本市民共通の機関紙として刷新しなければならない。

党中央の認識や方針と異なる意見も、異なることを明示して掲載して、討論の場として活かさなくてはならない。それなしに、「赤旗」の拡大はけっして実現しない。

私の古くからの共産党の友人が先日、「最近は党の幹部が自信をもって話すことが少なくなった」と嘆いていた。それこそが、党勢の後退の大きな要因である。時に誤りがあるにせよ、自信をもって働きかけることによってこそ、彼・彼女の生き方にも感化されながら周りの人びとが共産党に入党する。だが、参議院選挙中に自衛隊問題で藤野保史政策委員長（衆議院議員）が失言したように、党の方針や政策が確固として打ち立てられていないことが、自信喪失を招いているのである。

志位和夫委員長は四月の五中総で党を「独善の党」と半ば反省した。この反省を徹底して活かすことが大切である。その姿勢で、前記の四点を軸にして、共産党は抜本的に飛躍しなければならない。そこに、〈日本市民の共同の橋頭保〉としての責任と課題が厳として存在している。来るべき第二七回党大会での飛躍を、私は心から切望する。

〈本書収録時の追記〉

本稿では論及できなかったが、敗戦直後に展開された「戦後主体性論争」との関わりについても明らかにする必要がある。文学における主体性論争もあった。私は、一九七六年に「梅本主体性論の今日的意義」を『現代の理論』に発表した（『日本共産党との対話』稲妻社、に収録）が、梅本は宮本には論及していないようである。私は一九七〇年代に梅本さんのお宅を何度も訪ねた。当時、本稿の問題意識があれば、伺うことが出来たのに、と悔やまれる。

この時には論及できなかったが、一九七四年に共産党と創価学会が「創共協定」を結んだ。すぐに「死文化」するが、きわめて大きな意義を秘めていた。『「創共協定」とは何だったのか』（社会評論社）で解明したので、ぜひ参照してほしい。

この拙文を読み返しながら、宮本顕治との「接点」を「かすかに通じるものを感じた」（本書、六七頁）だけで済まし、手紙を出すなどの今ひとつの努力をしなかったことが痛切に悔やまれる。

〈参考文献〉

権藤三鉉『芥川龍之介論』文芸書房出版、二〇一六年
宮本顕治『宮本顕治著作集』第一巻、新日本出版社、二〇一二年
宮本顕治『わが文学運動論』新日本出版社、一九八三年
宮本顕治『回想の人びと』新日本出版社、一九八五年
村岡到『日本共産党をどう理解したら良いか』ロゴス、二〇一五年
レーニン『レーニン全集』第二五巻、大月書店、一九五七年
不破哲三『マルクスと友達になろう』日本民主青年同盟中央委員会、二〇一五年
村岡到『不破哲三と日本共産党』ロゴス、二〇一五年
村岡到『不破哲三との対話』社会評論社、二〇〇三年
マルクス『経済学批判』岩波文庫、一九五六年
梅本克己『マルクス主義における思想と科学』三一書房、一九六四年

付　章　〈左翼〉の猛省・再興を

――〈友愛〉の定位が活路

はじめに――〈左翼の惨敗〉直視を

昨年二〇一二年一二月一六日の衆議院選挙の結果、安倍晋三自民党総裁を首相とする自公政権が誕生した。自ら「危機突破内閣」と強調している。彼らと対立・対決するはずの〈左翼〉は惨敗となった。数字を直視すれば、衆院選比例区得票数は、二〇〇九年八月三〇日の総選挙と比較すると、共産党は四九三→三六九、その差一二五＝二五％減。社民党は三〇〇→一四二、その差一五九＝五三％減（単位は万票、四捨五入により数字にズレあり）となる。惨敗と言わずして何と表現するのか。すでに半世紀以上年を重ねている新左翼諸党派は、土俵にも上がれなかった。

私の主要な関心は〈左翼〉にあるが、総選挙での政権与党民主党の無様な敗北は、きわめて大きな責任を問うている。三年前の総選挙による政権交代によって期待をふくらました多くの国民に、「政権交代しても意味がない」という意識を広範に生み出した点である。これは政治への諦めと不信を拡大させた。だから、総投票数は約七〇〇〇万票から六〇〇〇万票に、投票率は六九％から五九％へと著しく減少した。民主党惨敗の要因は複雑であるが、鳩山由紀夫首相が掲げた「友愛」がいつの間にかぼやけたことに象徴されているように、貫くべき理念が明確に確立されていなかったことが最奥の根拠だと考えるべきである。

それにしても、なぜ、民主党への失望が〈左翼〉への支持へと向かわなかったのか。

第1節　〈左翼〉にこだわる意味

「左翼」とは周知のように、一八世紀末のフランス革命の後の国会で議長の右側の席を保守派（ジロンド派）が、左側の席を急進派（ジャコバン派）が占めたことに由来する用語で、時の政権への反対派の略称である。歴史的にどの国でも左翼が政権に就くことは稀であり、ほとんどの国家は資本主義なので、「左翼＝反資本主義」と理解されている。日本の場合では具体的には社会党と共産党と新左翼などを指す。社会党は一九九六年に消滅したし、新左翼はまったく衰退した。共産党は現勢保持に汲々である。一九九一年末にソ連邦が崩壊して「社会主義」は無意味だとされてしまい、「資本主義の勝利」が謳歌された。だから、「左翼」という言葉自体が風化している。左翼が健在だったころにビラはガリ版だのタイプ印刷で作っていたが、それらの手段は今や印刷博物館にしかない。それらのように、消滅してしまってよいものなら、成り行きにまかせるのがよいだろう。

だが、現実は、「資本主義の勝利」どころか、二〇〇八年のリーマンショックを境に「資本主義の限界」がこれまで資本主義を擁護していた論者からも次つぎに指摘され、安倍政権は「危機」を強調している。現体制が資本主義であることは歴然だから「資本主義の危機」に他ならない。問題は「資本主義の危機」をいかなるものとして認識し、危機を突破するとはどういうことであり、それはどうしたら可能なのか、その筋道を明らかにすることである。「危機は好機だ」などとして革命を願望することに意味はない。この難問に個人で充分に解答することはどんな俊才でも不可能である。それぞれが解答の一端を提示して忌憚なく討論を重ねることが大切であり、組織的な認識が必要である。私は、この課題を〈左翼〉に焦点を当てて考えているというにすぎない。

衰退しつつある〈左翼〉に焦点を当てる意味についてはっきりさせる必要がある。単に自分が歩んできた過去へのノスタルジーではない。衰退しつつあるとはいえ、今次総選挙の比例区では約一〇％の得票率を保持している。戦後の政治史を振り返っている余裕はないが、日本における〈民主政〉の成長にとって〈左翼〉が果たしてきた役割はけっして小さくはない。そうであればこそ、その歩みの積極面を充分に活かすことを抜きにして、日本の〈民主政〉の前進はありえないと考えるべきである。昔なら弊履のようにと形容したのであろうが、今風に言えば、履きくずした靴のようにゴミ箱に捨てて新しい靴を求めればよいというわけにはいかない。歴史は、過去とまったく切断して創造されることはないからである。冒頭で〈左翼の惨敗〉を確認したが、わずかな救いは、共産党は全国的な大後退のなかで3・11東日本原発震災の直撃を受けた東北ブロックでは得票率を維持したことである。被災地での共産党員の日常的活動がプラスに評価されたのである。これは貴重な成果である。

第2節 〈左翼〉とは何だったのか？

〈左翼〉とは何だったのか、あるいは〈左翼〉とは何を意味するのか。

大抵の言葉は多義的であり、そのことがその言葉の内面的深さを示し、外延的拡がりを生み出す。だが、同時に意味の拡散と曖昧さを付随させることになる。何とも複雑である。だから、時には立ち止まって、その言葉の本義を確かめる必要がある。あるいは、自分はこういう意味でその言葉を使っていると明確にしないと誤解が放置されてしまい、言葉を発していることの意味が見失われる。相互理解を深める手段というところに言葉の本義はある、と私は考えている。

先に進む前提として、ここで〈理念〉の大切さを明確にしておきたい。〈理念〉の内実を何にするかは、個人の価値判断によるが、そもそも〈理念〉を掲げることが大切で意義あることであるとしっかり理解しておかなくては話は始まらない。風が吹かれるままに定かな方向もなく生きるよりは、確かな目的をもって生きるほうがよい。スポーツ選手として活躍したいとか、目的にもいろいろあるが、或る深さを秘めて自分の一生を貫く目的を〈理念〉と言ってもよいだろう。ころころ変るものを理念とは言わない。社会を良くしようというレベルになれば、抽象度の高い概念で表現されることになる。自由、平等、友愛、平和、人権、正義、幸福、中庸、正直、清廉……などいくつも挙げることができる。これらはどれも大切であるが、数多く羅列したのでは、個人や組織がめざす方向や質を曖昧にしてしまう。

理念を重視する、あるいは重視すべきであると主張すると、「建前だけ唱えても仕方がない」という反発が起きる。だが、そうではない。自分の建前や理念を明示しておくと、それに反する行為や想念を抑制することになるからである。「私は平等を主張する」と言っておきながら、貧富の差に無関心であることはできない。卑近な例を上げれば、「禁煙」を高言していながらタバコを吸えば、意志薄弱な奴と評判を落とす。

理念を強調すると排他的になり対立が激化するという心配に対しては、〈多様性〉を相互に尊重することがそのブレーキとなる。

もう一つ、出来事や行動の評価にもつながる、大きな意味がある。次のような文章に接したことがある。

「ある趨勢の究極的な勝利が、なぜ、その進行を抑制しようとする努力が無力であることの証拠とみなされなければならないのか。……変化の速度を落とさせたというまさにその点で評価されえないのか。……変化の速度は、変化の方向そのものに劣らず重要であることが多い」。これはカール・ポラニーの名著『大転換』からの引用である（四九頁）。一九九四年に読んだのだが、そのころ共産党の評価をめぐって、戦争を阻止できなかったことを論拠にして共産党の闘いを過小評価する見解が話題になっていたので、とくに印象深く記憶した。私たちが歴史を理解する基本的観点はこのポラニーのようでなくてはならない。

このような人間観、歴史観に踏まえて本題に入ろう。

第3節 〈友愛〉の深い意義

私が本稿で明らかにしたい眼目は〈友愛〉の定位である。一八世紀末のフランス革命の標語となった「自由・平等・友愛」の〈友愛〉である。この三つの言葉はワンセットにして、現在もフランス共和国の標語とされている。

〈友愛〉と聞いて、すぐに鳩山由紀夫・元首相を思い出して、「お前は親鸞に目移りしたと思ったら、今度は民主党に接近するのか」という反発を招くかも知れない。鳩山氏は、昨年末の衆院選挙には立候補しなかったし、民主党はすでに「友愛」を捨てているから、その心配は無用だとあらかじめはっきりさせたほうが、安心して読み進んでもらえるかも知れない。とはいえ、祖父の鳩山一郎がその遺訓〈友愛〉を継承したクーデンホフ・カレルギーは、私は今度はじめて知ったが、「EU創設の父」と呼ばれる、記憶すべき偉人である。

前記の三つの言葉はワンセットで流布されることになったのだが、日本では、「自由」はもっとも頻繁に使われている（諸外国の例を調べたことはないが）。「資本主義」の代わりに「自由主義」と使われることが一般的とすら言える。憲法にも「自由」は頻回に出てくる（「平等」は二回、「友愛」はゼロ）。自民党はフルネームで書けば「自由民主党」であり、尾高朝雄の名著『自由論』（ロゴスから名著復刻として二〇〇六年に再刊した）など著作のタイトルにも多用されている。

「平等」は、仏教では重視され、平安時代後期・一一世紀に京都には平等院が建立されているが、ガタンと下がる（「平等」を冠した政党は日本には存在しない）。日本共産党の「綱領」でも「自由」と「平等」は何回も出てくるが、「友愛」はゼロである。左翼の世界ではほとんど〈友愛〉は死語である。

例外的に岩田昌征氏は一九八三年に著わした『現代社会主義の新地平』で「第1章　自由・平等・友愛と現代」と章立てして、「『自由・平等・友愛』といいながら、『自由と』『平等』については深刻な議論がなされたけれども、『友愛』についてはあまり考察されなかった」と鋭く指摘していた（一六頁）。また、三つの言葉をタイトルにした著作を中西進氏が著わしているが、『〈自由・平等〉と〈友愛〉』と区切っている。

ただし、岩田氏や中西氏が「ソ連社会主義」について「平等」を振り当てているのは失当である。私が「平等こそ社会主義正義論の核心」で引用したように、ポーランドのエルジュビエタ・コストフスカは「どの社会主義国でも、その統治者集団は社会主義システムが導入されて間もないうちに、政治的武器庫から平等を追放してしまった」（『生存権・平等・エコロジー』一〇一頁）のである。このことは、特権官僚の様ざまな特権を直視すれば歴然である。

インターネットの「日本へのフランス」に次のような説明が書かれているので、引用しよう。

「自由、平等、友愛の概念は、一七世紀末に聖職者で思想家のフェヌロンによって結びつけられ、啓蒙の世紀（一八世紀）に広く知られるようになりました。フランス革命のとき、『自由、平等、友愛』は数多く引き合いに出された標語のうちの一つでした。政治家のロベスピエールは一七九〇年一二月、国民軍の設立に関する演説の中で、『フランス国民』および『自由、平等、友愛』の文字を制服と軍旗に入れるべきだと強く主張しましたが、この計画は採用されませんでした。

一七九三年以降、パリ市民は自宅の正面外壁に『共和国の一体性および不可分性、自由、平等、友愛さもなくば死』と書き、これに追随する動きが他都市の住民の間に燎原の火のごとく広がりました。しかし、ほどなくして、住民たちは恐怖政治を想起させる最後の部分を消すように促されました。

多くの革命の象徴と同じように、標語も帝政時代に入ると廃れました。一八四八年革命のとき、標語は宗教的な側面を帯びて復活しました。司祭たちがキリスト教の友愛精神を祝い、二月革命の際に植樹された自由の木を祝福したのです。一八四八年憲法の起草時には、標語『自由、平等、友愛』は共和国の『理念』として定義されました」。

中西氏は前著で「友愛」が浮上する経過を詳しく説明している。「一七九一年憲法の中に〈友愛〉の言葉を含む一条がある」（一〇頁）という。当時の人びとは、「〈平等〉と言った以上、〈友愛〉と言わなければならない、そう考えたようにみえる。……この社会の頂点から基底部までを貫くカトリック教会の教え」（一二頁）が浸透していたからである。

このように三つがワンセットになっていたのに、どうして前記のように〈友愛〉だけが別扱いにされてしまったのであろうか。〈友愛〉を「自由・平等」と切り離して軽視する源流は、マルクスではないかと思われる。松井暁氏が新著『自由主義と社会主義の規範理論』で次のように明らかにしている。私はそうではないかと見当つけていただけだが、グッドタイミングで同書に出会えて幸いであった。マルクスは『資本論』（初版は一八六七年）で「商品交換の部面で支配しているのは、自由、平等、所有、ベンサム（人名）だけである」（三〇〇頁）と表現した。松井氏は、「マルクスが友愛の代わりに所有としたのは、決して彼の皮肉ではない。友愛の理念は一八四八年段階で初めて登場したのであり、一七八九年の『人および市民の権利宣言』の掲げた原理は、『自由、平等、所有』であった」（三六〇頁）と憶測（弁護？）しているが、『資本論』は一八四八年以前に書かれたのだろうか。それに、前記のように「友愛」はすでに一八世紀末に登場していた。マルクスが「友愛」を外した理由は他にあったと考えるべきであろう。

「友愛」は普通には「友を愛す」という意味に理解されている。「友を愛す」を重要な理念として掲げるかどうかは、明確な価値判断に踏まえて初めて可能なことであるが、「友を愛す」ことは説明するまでもなく当然である。人間は、誰でも社会のなかに生み落とされ、他人と協力することなしに生きていけないからであり、親子や夫婦――これらの関係と定義は複雑だが――以外で身近な存在は「友人」だからである。あこがれを抱いたり、弱く悲しみのなかにある人に寄り添い味方する感情を意味する〈共感〉（アダム・スミスの『道徳感情論』での「同感」と同義）を基礎とする。『世界大百科事典』の説明では、「友愛という言葉は、狭くは〈友情 friendship〉を意味する場合もあるが、特に英語 fraternity など西欧語の訳語として、兄弟の間の情愛から、さらにひろく家族など同一集団を結合する情愛、人間全体を一つの家族として包み込む人間相互の兄弟愛をも意味する。このもっとも広い意味で、友愛は〈博愛 philanthropy〉〈隣人愛 brotherly love〉と同義である」と書かれている。

この説明をさらに深化させて、「友を愛す」だけではなく、〈他人〉を「友として愛す」と明確にしたほうがよいのではないか。これは極めて困難な徳目である。〈他人〉のなかには悪意あるもの、敵対する者も含むからである。フランス語の原語に遡って歴史的に探索すればいろんなことが分かるのであろうが、私にはその素養も余裕もない。原語にはそういう意味も内包されていたかも知れない。なぜかと言えば、周知のように、キリストは「汝の隣人を愛せ」（『マタイによる福音書』第二二章三九節）とか、「汝の敵を愛せ」と諭した（『マタイによる福音書』第五章）のであり、〈友愛〉はフランス革命の当初からキリスト教徒によって主唱されていたからである（そのこと故に反発も生んでいた。マルクスもその一例）。

「汝の敵を愛せ」はきわめて難しいが、フランス革命の衝撃のなかで、ドイツの哲学者フィヒテは、匿名で一七九三年に、国王など特権階級の廃止を主張すると同時に、革命勝利後に打倒した特権階級に労働する能力を身に付けさせるために一定期間の生活保障を施すことを提起した！（『フランス革命論』）。国王などをギロチンに掛けるのではなく生活保障する。革命は復讐ではなく、新しい制度の創造でなければならないことを、フィヒテはこれほどまでにはっきりと明らかにしたのである。私は二〇〇〇年に、このフィヒテを知って、直ちに「オーストリア社会主義理論の意義」を執筆して、フィヒテを引いて「革命の漸進性」を明確にし、翌年に「暴力革命」論を根底的に超克した〈則法革命〉を提起した（「〈則法革命〉こそ活路」。ともに『連帯社会主義への政治理論』所収）。私は、そこにレーニンやトロツキーに代表されるロシア革命とは異なる「オーストリア社会主義理論」の卓越した特徴を見出した。

しかし、一〇年余前には、なお〈友愛〉にまでは気づかなかった。〈友愛〉に前記のように意味付与したうえで、これからの未来社会で実現すべき理念として明確に立てることが重要である。その重要さを明らかにする前に、回り道をしよう。〈友愛〉の軽視・反発がどのようなマイナスを生み出してきたかを見ておかなくてはならない。

第4節　〈友愛〉の軽視・反発がもたらした弊害

〈友愛〉の軽視・反発はどのようなマイナスを生み出してきたのだろうか。理論的領域では、〈友愛〉を重んじる潮流の理論――例えばウィリアム・モリスなどは疎んじられてきた。堺利彦の評価など日本共産党結成にいたる経緯についても再把握する必要がある。

いささか昔の話になるが、二〇世紀の初期、明治時代の労働運動を振り返ると、「友愛会」というのが登場する。「明治・大正期のユニテリアン〔統一キリスト教〕などに関心を持つ」間宮悠紀雄氏と間宮繁子さんの「友愛労働歴史館HP」に適切な解説があるので、引用する。

「友愛会は大正元年〔一九一二年〕八月一日、〔キリスト者の〕鈴木文治が〔東京・三田の〕ユニテリアン教会・で創立した中央労働団体です。友愛会はユニテリアン・ミッションと一つとされ、キリスト教人道主義に基づく活動を展開しました。後に〔一九二一年に日本労働総同盟、一九四六年に〕同盟〔日本労働組合総同盟〕へと発展。現在の連合〔一九八九年結成の日本労働組合総連合会〕に繋がる日本労働運動の源流となっています。

友愛会が結成された惟一館は、米国ユニテリアン協会が一八九四〔明治二七〕年に建設したもので、設計者は鹿鳴館やニコライ堂などで知られるジョサイア・コンドルです。

ユニテリアン教会・惟一館は総同盟が一九三〇〔昭和五〕年、安部磯雄・賀川豊彦・新渡戸稲造・吉野作造らの協力を得て買取り、日本労働会館として今日に至っています。現在、惟一館〔現・友愛会館〕は日本社会主義運動、日本労働運動の発祥の地とされています」。

友愛会は労働組合というにふさわしいが、労働組合と打ち出さなかった〔出せなかった〕のは、一九一〇年の大逆事件いらい労働社会運動への弾圧が厳しい「冬の時代」だったからである。友愛会にはキリスト者の賀川豊彦も深くかかわっていた。

前にも一度ふれたことがあったが、日本の最初期の社会主義運動では、キリスト者の比重が高かったが、経年とともかれらは主流から傍流へと押しやられてきた。労働組合活動においても、対立だけが激しくなり、友愛会系の位置は下げられてきた。

どんな場合でも、対立するにはそれだけの事情と理由があったのであろうが、当面の争いで主流の位置に立つ勢力が狭隘な作風を固持していると、対立は激化するだけで、あげくは相互に憎しみすら醸成して、いわば「敵」を利することに終始することが多い（その痛苦な一例が、私も無縁ではなかった、死者一〇〇人をこえる！新左翼党派の「内ゲバ」である）。

今、私には戦前の労働運動や社会主義運動の歴史を振り返る余裕はないが、友愛会とその活動は歴史にその位置を占める貴重な闘いであったことは明白である。だが、例えば、日本共産党系の世界ではほとんど顧みられることはない。共産党の綱領にはまったく登場しないし、党史『日本共産党の八十年』では、「友愛会も……二一年には名称を『日本労働総同盟』にあらためました」（一八頁）と書いてあるが、発足年も鈴木文治の名前も出てこない（『日本共産党の六十五年』では年表に「鈴木文治ら友愛会を結成」と記載。『日本共産党の七十年』には成立年の記述がカッコのなかにあり）。主導者である鈴木文治に触れない偏奇した扱いでは、友愛会の流れを汲む人びとやそこに意味を見出す人びとに接近して合流することはできない。その分だけ「自分たちの」世界を狭くするだけである。

左翼がこうした傾向に陥るには、その根拠も存在する。労働運動や左翼運動は諸潮流の分裂の歴史と言ってよいほどである。左翼世界では、資産家や支配層とは異なって、金銭やポストの配分によって対立を調整することが、理念的にも実質的にも出来ないから、意見の違いがすぐに理論の誤りに直結させられて、対立が先鋭化しやすい。さらに国家権力による弾圧や分断工作も加わるから、対立はいっそう複雑に展開される。労働組合のスト破りや同志を警察に通報する裏切りなども起きる。それらの規律違反を大目にみて放置すれば、組織の規律は弛緩して解体を招く場合もある。だから勢い激しく厳しい対応に迫られる。自民党員なら見過ごされる「犯罪」も、共産党員だとマスコミの餌食にされる政治風土も強く作用する。社会の許容度が事態を大きく規制する。

私はここで映画『鉄道員』を思い出す。一九九九年の高倉健主演の「ぽっぽや」ではなく、はるか半世紀前のイタリアの『鉄道員』である。ピエトロ・ジェルミ監督・主演で一九五六年製作だから、六〇年代に高校生のときに観たような記憶がある。あらすじは省略するが、主人公が鉄道のストに際して「スト破り」するが、後によく通った酒場で職場の仲間が彼を暖かく包み込む場面が感動的であった。カンヌ国際映画祭の国際カトリック映画事務局賞を受賞したくらいだから、世界的名画として広く好評を博した。

当時、この映画が左翼のなかでどのように評価されたのか調べる余裕はないが、労働運動における六〇年代の大きな出来事の一つは、一九六四年春の4・17ストに際して、共産党が「スト破り」の声明を発して、その年の七月と一二月に「自己批判」したことであった。新左翼はここぞとばかりに「日共＝反革命」と非難した（「日共」とは、日本共産党の蔑称）。そこでは、労働組合の団結よりも党派的利害が優先されたのである。

一例を示したに過ぎないが、数限りない左翼の対立と分裂の悲劇を振り返るとき、もし、〈友愛〉

が貫くべき重要な理念として掲げられていれば、同じ批判を加えるにしてもその質は異なっていたに違いない。そうすれば、対立の決着も穏やかになったはずである、と痛切に反省を迫られる。

二〇年、三〇年前には激しく対立していた組合や党派の活動家が、久しぶりに集会などでバッタリ出会って、「なぜあの頃はあんなに対立していたのか、今なら一緒に活動できるのに」という感懐にひたるエピソードをたまに耳にすることがある（逆に、絶対に彼奴の裏切りは許せないと、まるでそのことを話すのが生きがいであるかのような不幸な例もあるが）。左翼の対立・分裂を喜ぶのは誰であろうか。対立の激化を避けるほうがよいと考えるべきである。そこに〈友愛〉を理念として掲げる大きな意味がある。

そんなきれい事で済むものかという反発が起きるに違いない。裏面もまた存在するからである。

第５節　〈友愛〉志向勢力の弱点

「友愛」を掲げたり、組織の名称に活かす運動は、少数ではあるが存在する。前記の「友愛会」がそうだし、キリスト教系の団体やいくつかの福祉関係の病院の名称にもなっている。近年では鳩山友起夫氏が塾長代行を務める「鳩山友愛塾」も活動していた。

簡略ながら、それらの勢力の政治的方向性、性格を確認しておこう。

一九一九年に発せられた「友愛会綱領」は短いものでわずかに次の三項目だけである。

「一、我等は互に親睦し一致協力して相愛扶助の目的を貫徹せんことを期す。
一、我等は公共の理想に従ひ、識見の開発、徳性の涵養、技術の進歩を図らんことを期す。
一、我等は共同の力に依り着実なる方法を以て我等の地位の改善を図らんことを期す」

（「労働者新聞」九月一五日）。

当時は明治天皇制の下で団結禁止の時代であったことを忘れてはいけないが、かなり抽象的であると評価するほかない。

一九三二年の「日本労働総同盟綱領」では、「我等は国情に立脚し、資本主義の抜本的改革を図り、以て健全なる新社会の建設を期す」と書いてある。

戦前の民衆の運動を振り返ると、情勢が暗転して戦争へと向かう局面で、戦争反対か、戦争協力か、として対立が先鋭化するなかで、大本教や田添鉄二などごく一部のキリスト者を例外として、ほとんどの宗教団体は国家権力の弾圧を避けて戦争協力の道を選択した。労働運動でも、「友愛会」や後の日本労働総同盟も戦争協力するほかなかった。

こうして多くの場合、〈友愛〉志向勢力は戦争協力の道を選択した。その対極には、治安維持法で弾圧され、獄中で辛酸をなめる少数の共産党員が孤立していた。戦争協力の根底には、労資協調路線が据えられていた。

このように、〈友愛〉を志向する勢力は、労働者と資本家との対立を直視し、認識することを避けてきた。そこに弱点があった。そして、その点こそが、〈友愛〉を志向する勢力への批判のポイントとなった。左翼、その主流はマルクス主義を信奉していたが、マルクスやマルクス主義が強調したのは、この〈労資の対立〉認識だった。そこをはっきりさせること、強調することが何よりも正しく必要なことであると、マルクス主義者は考えていた。だから、この認識に到達することなく、あるいはそれに反発する者は、軟弱な人間であり、反動的な保守主義者と断罪された。

戦後になると、友愛会は総同盟として活動することになるが、その中心的指導者で、社会党の書記長となり、片山哲内閣で副総理となった西尾末広は、「反共と労使協調」や「現実主義」を強調した。総同盟は、「民主的労働運動」を謳い、「労働組合主義に基づく労働運動」を展開した。「労資協調路線」と評しても誤りではない。

近年に飛ぶと、鳩山友紀夫氏を塾長代行として二〇〇八年に開講した「鳩山友愛塾」の「設立趣意書」では、「母性愛を根源とした人間や自然に優しい世界の醸成」が「核心」とされ、「これからの世界は人種、宗教、民族、国家、言語の壁を超越し、ともすれば乖離し、対立しがちな人間と人間、自然と人間との真の共生を目指す時代でもあります。この友愛を規範とし、個の確立をはかり」と書いてある。ここにも、〈労資の対立〉認識は欠落している。

第6節　〈友愛〉の再定位の意義

ここで前にも学んだフィヒテにもう一度学ぶことができる。フィヒテは「誤った命題は、普通、同じように誤った反対命題によって押しのけられる。後になってはじめて、人はその中間に存するところの真理を発見する」と教えている。これは、戦前に法学者の尾高朝雄が『実定法秩序論』の扉の裏に書き記したもので、出典は示されていない。この教えに従うなら、〈友愛〉の強調→〈友愛〉の無視・反発→〈友愛〉の再定位、ということになる。

〈友愛〉の再定位の核心は〈労資の対立〉を明確に認識することにある。この本質論での認識とセットにして〈友愛〉を再定位しなくてはならない。ただ注意すべきことが二つある。

一つは、〈労資の対立〉と言ってもその実態はさまざまに複雑に変容しているから、実態の解明は簡単ではないことに注意する必要がある。

もう一つは、〈労資の対立〉を認識したからといって、「資本制生産の止揚」、別言すれば〈社会主義〉の実現まで認識を深化させることは必ずしも必要ではない。彼(彼女)を好きではないからといって、彼〈彼女〉を抹殺しなくてはいけないとはならないのと同じである。

問題は、〈友愛〉と〈労資の対立〉認識とがいかなる関係にあるかである。水と油のように反発しあう関係なら、この二つを一緒に説くことはできない。清水と緑茶の葉なら香り高いお茶になることもある。私は、〈友愛〉と〈労資の対立〉認識とは充分に両立可能だと考える。労働者と資本家が経済的に異なる位置にあること、正確には対立することは、かなり広範囲に認識可能なはずである。憲法には「資本家」は登場しないが、第二八条で「勤労者の権利」が特別に明記されている。違和感は、〈労資の対立〉という事実認識を、この関係の転倒あるいは廃棄へと結びつけるレベルで生じることになる。

これまでは、〈労資の対立〉の認識は、直ちにこの関係の転倒あるいは廃棄、別言すれば〈社会主義〉の実現をめざすことと直結していた。新左翼の場合には、さらに「今すぐ」が加わり、急進主義的行動に走った。その漫画的表現が今ではどこからも聞こえてこない「武装闘争・武装蜂起」であった。ようやく「今すぐ」がダメだとは分かったらしいが、そうなったら「社会主義」を放棄してしまった。

「武装蜂起」は論外であり、「社会主義」までも短兵急に求めなくても、〈労資の対立〉の事実認識が拡がるだけでも大きな歴史の前進を意味する。もちろん、〈社会主義〉の実現をめざすことを排斥する必要もない。

私は、〈友愛〉の再定位によって、社会主義像はいっそう深さを増し、幅を拡げるに違いないと確信している。従来は見向きもしなかった層や世界とも友好的に交流することが、当面の政治的必要のレベルを超えて原理的に可能となるからである。

あえて付言すれば、私はこの数年、石橋湛山や大原孫三郎の足跡に着目し、大本教や親鸞にまで世界を拡げてきたが、やはりそれらの探究は無駄な寄り道や迷路ではなく、社会主義像を豊かにする道につながっていたのである。

残された課題を確認して、本稿を閉じることにする。本稿では、〈友愛〉を、私たちがめざす〈社会主義〉が掲げる〈理念〉の一つとして定位することの大切さを明らかにしたにすぎない。さらに問題なのは、〈社会主義〉が掲げる〈理念〉は何かを主題として考えた時に、〈友愛〉はどういう位置に定位されるのか、である。現在の私の暫定的結論は、〈友愛・平等〉として立てられるのではないかと考える。〈平等〉の重要さについては、「平等こそ社会主義正義論の核心」として二〇〇二年に明らかにした（『生存権・平等・エコロジー』所収）。〈自由・平等・友愛〉がフランス革命の標語とされた歴史的意義を再考し、そこを突破する道を探るのが、二一世紀に生きる私たちの課題である。「各人の自由な発展が万人の自由な発展の条件である」と、マルクスは「共産主義社会」を展望したが、そこに大きな錯誤があったのではないか。稿を改めて明らかにしたい。

〈注〉

(1) 民主党が一九九八年四月の大会で決定した「私たちの基本理念――自由で安心な社会の実現をめざして」の最後の項目に、「第5に、地球社会の一員として、自立と共生の友愛精神に基づいた国際関係を確立し、信頼される国をめざします」と書かれているが、なぜ、「友愛精神」と四文字なのか。「脱原発」をわざわざ「脱原発依存」と二文字増やして表記する傾向があるが、それが「脱原発」を先送りする狙いを表しているのと同様に、〈友愛〉をぼかすためである。「国際関係」に限定しているのも妙である。

二〇一三年一月二二日に決めた綱領策定のための「たたき台（案）」では「友愛」は消えた。

(2) マルクスがここで問題にしたのは、唾棄すべき敵＝資本制経済の原理であって、自らの理念を説いたわけではない。考えなくてはいけないのは、その敵の原理の第一項目である「自由」を、マルクスは自分の理想＝共産主義社会を示す一句――「各人の自由な発展が」云々のキーワードにしたことである。誰もこのことを問題にしないが、このことにおかしさを感じないのは何故か？

(3)　武田信照氏は新著『近代経済思想再考』でアダム・スミスが『道徳感情論』で経済競争における「フェアープレー」の精神を強調したことに注意を促し、彼を「市場原理主義」の主張者とみなす理解の誤りを指摘している。また、J・S・ミルが『経済学原理』の第三版で重要な改訂を加えたことを、マルクスが見落としたと指摘した。

また「フェアープレー」の精神に通じる事例は、日本では戦国時代の上杉謙信が敵将武田信玄に塩を送らせた故事から「敵に塩を送る」として伝えられている。

〈本書収録時の追記〉

この論文などを鳩山友紀夫氏に進呈したら、丁寧なお礼の一文が返ってきた。その末尾に「友愛を労働者と資本家との対立の構図から論じたことはありませんでしたので、今後学ばせていただきたいと存じます」と記されていた。全文は、『貧者の一答』（ロゴス、二〇一四年）に収録した。

マルクスの「自由」理解については、ポーランドのアンドレ・ヴァリツキの批判を元にして、千石好郎氏が「マルクス自由論の陥穽」（村岡到編『マルクスの業績と限界』ロゴス、二〇一八年、所収）で明らかにした。ソ連邦などの〝共産主義国家〟が出来上がった「原因」を「マルクス自由論」に求める見解には、私は反対であるが、深い関連と〈責任〉があったことを直視しなくてはならない。

また注(3)後半のマルクスによるミル批判の問題点については、武田信照氏が新著『ミル・マルクス・現代』（ロゴス、二〇一七年）で詳述されている。

あとがき

この本は今年三月に書き上げていたが、或る編集者に出版について相談したら、彼から政党助成金について取り上げるように助言を受け、全体の構成についても再考することになった。そのおかげで、六月一二日の歴史的な米朝首脳会談について言及できることになった。時代の流れが大きく変化する予感がする。

「まえがき」でも断ったが、第1章から第5章までは既に発表した論文を活用した部分もあり、それらの初出を記す（サブタイトル省略）。

〈左翼〉の猛省・再興を　『プランB』第四一号＝二〇一三年三月
日本共産党の衰退と危機　『プランB』第四一号＝二〇一三年三月
正念場に立つ日本共産党　『プランB』第四三号（終刊号）＝二〇一四年一月
日本共産党幹部とのわずかな接点　『日本共産党をどう理解したら良いか』ロゴス、二〇一五年
宮本顕治の凄さと時代的限界　『フラタニティ』第四号＝二〇一六年一一月

昨年は「ロシア革命一〇〇年」、今年は「マルクス生誕二〇〇年」である。前者では、一昨年に『ソ連邦の崩壊と社会主義』を書き、昨年は『ロシア革命の再審と社会主義』を編集・刊行した。後者

について は、本書と同時進行で『マルクスの業績と限界』なるブックレットを編集し、四月に刊行した（大内秀明、久保隆、千石好郎、武田信照の各氏と私が執筆）。

改めて思うことは、人間と人間がつくる組織は、それが一定の社会的影響を及ぼすほどになると誤謬を避けることはきわめて難しいということである。人間や組織は誤謬を通して成長していくと言ってもよい。だから、誤謬を指摘・批判することは、誰かや何かの組織を見下したり、蹴落とすためにではなく、そこにある問題・課題をともに解決するためにこそ必要なのである。自己満足のために何かを書くことはまともな研究ではない。芸術が慰安や勇気を与えるとすれば、社会科学の理論は、何がしかの展望と当為を示すものでなくてはならない。

自分がどこを見ているのかについて捉え返すことが大切だと痛感する。海辺で深夜に星座を仰ぎ見る感慨と、晴天の山頂から真昼の絶景を見る快感とは異なるし、東を向いていれば西は視野には入らない。その意味で、この本にも多くの欠落があるだろう。

私はいま、昨年一一月に出した『「創共協定」とは何だったのか』（社会評論社）の延長で創価学会について勉強している。池田大作氏の実像は何か。まだ関連書を三〇冊余しか読んでいないが、とても興味深い。その一端は季刊『フラタニティ』第一一号（八月刊行）で発表する。

今度もまた、かなり無理してロゴスからの刊行となった。読後の感想・批判をぜひ寄せていただきたい。

二〇一八年七月七日

村岡　到

人名索引

キーワード索引

村岡 到 主要著作

1980 『スターリン主義批判の現段階』稲妻社
1982 『日本共産党との対話』稲妻社
1984 『岐路に立つ日本共産党』稲妻社
1986 『変化の中の日本共産党』稲妻社
1987 『トロツキーとコミンテルン』（栗木安延と）稲妻社
1988 『前衛党組織論の模索』（橋本剛と）稲妻社
1989 『社会主義への国際的経験』稲妻社
1990 『社会主義とは何か』稲妻社
1990 『甦るトロツキー』稲妻社
1996 『原典・社会主義経済計算論争』（編集・解説）ロゴス
1996 『ソ連崩壊と新しい社会主義像』（石井伸男共編）時潮社
1997 『社会主義へのオルタナティブ』ロゴス
1999 『協議型社会主義の模索――新左翼体験とソ連邦の崩壊を経て』社会評論社
2001 『連帯社会主義への政治理論――マルクス主義を超えて』五月書房
2003 『生存権・平等・エコロジー―連帯社会主義へのプロローグ』白順社
2003 『不破哲三との対話――日本共産党はどこへ行く？』社会評論社
2005 『〈帝国〉をどうする――世界社会フォーラム５』（編）白順社
2005 『レーニン　革命ロシアの光と影』（上島武共編）社会評論社
2005 『社会主義はなぜ大切か――マルクスを超える展望』社会評論社
2007 『悔いなき生き方は可能だ――社会主義がめざすもの』ロゴス
2008 『閉塞を破る希望――村岡社会主義論への批評』（編）ロゴス
2008 『閉塞時代に挑む――生存権・憲法・社会主義』ロゴス
2009 『生存権所得――憲法一六八条を活かす』社会評論社
2010 『ベーシックインカムで大転換』ロゴス
2011 『ベーシックインカムの可能性』（編）ロゴス
2011 『脱原発の思想と活動――原発文化を打破する』（編）ロゴス
2012 『歴史の教訓と社会主義』（編）ロゴス
2012 『親鸞・ウェーバー・社会主義』ロゴス
2013 『ユートピアの模索――ヤマギシ会の到達点』ロゴス
2013 『友愛社会をめざす――〈活憲左派〉の展望』ロゴス

2013 『農業が創る未来――ヤマギシズム農法から』ロゴス
2014 『貧者の一答――どうしたら政治は良くなるか』ロゴス
2015 『日本共産党をどう理解したら良いか』ロゴス
2015 『文化象徴天皇への変革』ロゴス
2015 『不破哲三と日本共産党』ロゴス
2016 『壊憲か活憲か』（編）ロゴス
2016 『ソ連邦の崩壊と社会主義』ロゴス
2017 『ロシア革命の再審と社会主義』（編）ロゴス
2017 『「創共協定」とは何だったのか』社会評論社
2018 『マルクスの業績と限界』（編）ロゴス

国政選挙　日本共産党の得票結果

年	得　票	得票率%	当選者
1990	衆院　5,226,986	7.96	16
1992	参院　選挙区　4,817,001	10.61	2　比例区　4
1993	衆院　4,834,587	7.70	15
1995	参院　選挙区　4,314,830	10.38	3　比例区　5
1996	衆院　7,268,743	13.08	24　小選区　2
1998	参院　選挙区　8,758,759	15.66	7　比例区　8
2000	衆院　6,719,016	11.23	20　小選区　0
2001	参院　選挙区　5,362,958	9.87	1　比例区　4
2003	衆院　4,586,172	7.76	9　小選区　0
2004	参院　選挙区　5,520,141	9.84	0　比例区　4
2005	衆院　4,919,187	7.25	9　小選区　0
2007	参院　選挙区　5,164,572	8.70	0　比例区　3
2009	衆院　4,943,886	7.03	9　小選区　0
2010	参院　選挙区　4,256,400	7.29	0　比例区　3
2012	衆院　3,689,159	6.13	8　小選区　0
2013	参院　選挙区　5,645,937	10.64	3　比例区　5
2014	衆院　6,062,962	11.37	20　小選区　1
2016	参院　比例区　6,016,194	10.74	5　選挙区　1
2017	衆院　4,404,081	7.90	11　小選区　1

衆議院は1996年から比例区
参議院は、得票が多い方、2016年だけ比例区が多い。

衆院選・参院選での日本共産党の得票数の推移

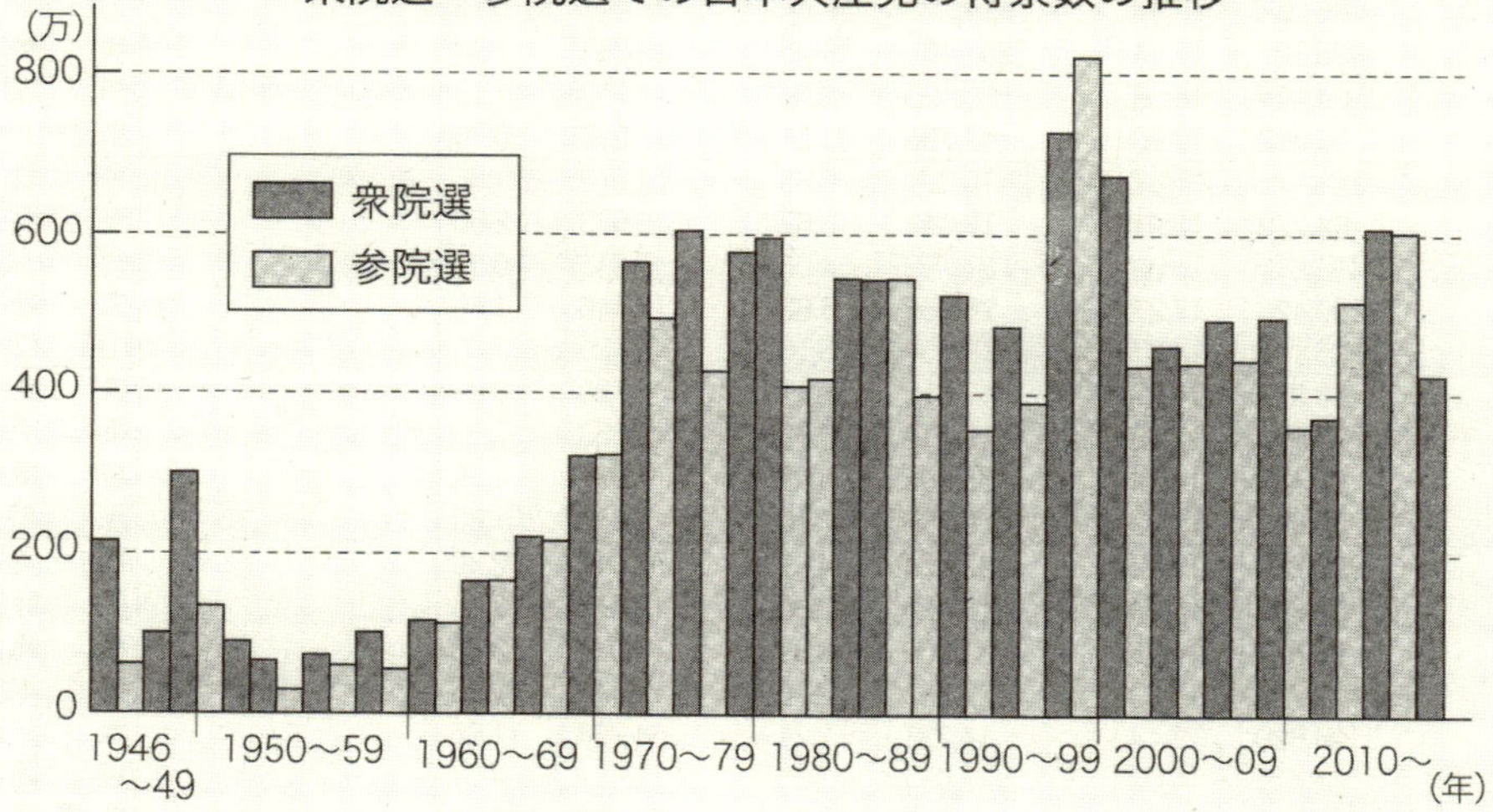

注）衆院選＝1946年は大選挙区制、1947～93年は中選挙区制の得票数。1996年以降は小選挙区比例代表並立制の比例代表の得票数
参院選＝1980年までは全国区、1983年以降は比例代表の得票数

（『月刊　学習』日本共産党中央委員会発行、二〇一七年二月、二五頁から転載）

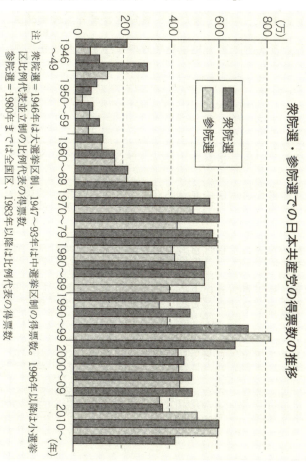

90年以降の衆院選・参院選での主な党の比例代表の得票数の推移

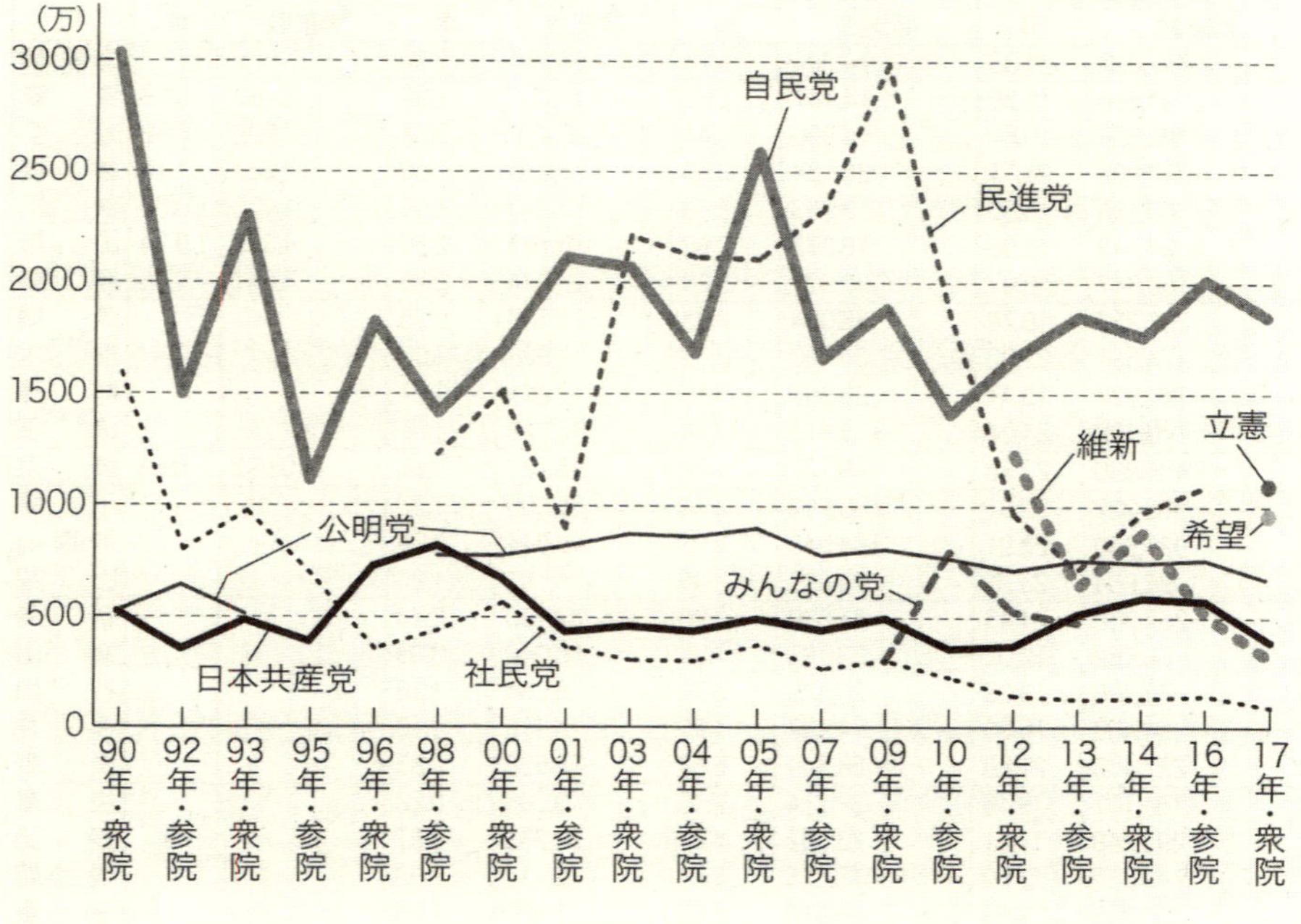

（『月刊　学習』日本共産党中央委員会発行、二〇一七年一二月、二四頁から転載）

村岡 到（むらおか　いたる）
1943 年 4 月 6 日生まれ
1962 年　新潟県立長岡高校卒業
1963 年　東京大学医学部付属病院分院に勤務（1975 年に失職）
1969 年　10・21 闘争で逮捕・有罪
1980 年　政治グループ稲妻を創成（1996 年に解散）
ＮＰＯ法人日本針路研究所理事長　季刊『フラタニティ』編集長

共産党、政党助成金を活かし飛躍を

2018 年 7 月 15 日　初版第 1 刷発行
著　者　　村岡　到
発行人　　入村康治
装　幀　　入村　環
発行所　　ロゴス
〒 113-0033　東京都文京区本郷 2-6-11
TEL.03-5840-8525　FAX.03-5840-8544
URL http://logos-ui.org
印刷／製本　株式会社 Sun Fuerza

定価はカバーに表示してあります。 ISBN978-4-904350-48-5　C0031